JIATING XINLI
QINGGAN NENGLIANGCHANG YANJIU

家庭心理情感能量场研究

唐雄山　余慧珍　著
郑妙珠　王伟勤

·广州·

版权所有　翻印必究

图书在版编目（CIP）数据

家庭心理情感能量场研究/唐雄山，余慧珍，郑妙珠，王伟勤著. —广州：中山大学出版社，2019.11

ISBN 978－7－306－06770－8

Ⅰ.①家… Ⅱ.①唐… ②余… ③郑… ④王… Ⅲ.①心理健康—家庭教育—研究 Ⅳ.①G479 ②G78

中国版本图书馆CIP数据核字（2019）第259107号

出 版 人：	王天琪
策划编辑：	金继伟
责任编辑：	杨文泉
封面设计：	曾　斌
责任校对：	袁双艳
责任技编：	何雅涛
出版发行：	中山大学出版社
电　　话：	编辑部 020－84110771，84113349，84111997，84110779
	发行部 020－84111998，84111981，84111160
地　　址：	广州市新港西路135号
邮　　编：	510275　　传　真：020－84036565
网　　址：	http://www.zsup.com.cn　E-mail: zdcbs@ mail.sysu.edu.cn
印 刷 者：	虎彩印艺股份有限公司
规　　格：	787mm×1092mm　1/16　10.25印张　220千字
版次印次：	2019年11月第1版　2019年11月第1次印刷
定　　价：	48.00元

如发现本书因印装质量影响阅读，请与出版社发行部联系调换

项目来源：佛山市妇女联合会

出版资助：佛山科学技术学院高水平理工科大学建设经费

作者简介

唐雄山，男，湖南祁阳人，1964年4月生，博士，教授，硕士研究生导师，现任教于佛山科学技术学院，长期从事哲学、管理学、社会学的教学与研究。出版的著作有：《贾谊礼治思想研究》《老庄人性思想的现代诠释与重构》《人性平衡论》《人性组合形态论》《组织行为动力、模式、类型与效益研究——以佛山市妇联为主要考察对象》《社会工作理论与方法本土化——妇联参与社会治理及典型案例点评》《组织改革与创新——以佛山市社区（村）妇代会改建妇联为研究样本》《组织行为学原理——以人性为视角》《现代管理学原理》《湛若水的治国之道》。在《孔子研究》《江汉论坛》《中华文化论坛》《江西社会科学》和《文化中国》（加拿大）等刊物发表学术论文50多篇。

余慧珍，女，湖北武汉人，1973年8月生，硕士，讲师，现任教于佛山科学技术学院，主要研究领域为哲学、伦理学、美学等。

郑妙珠，女，佛山科学技术学院社会工作系讲师，主要研究领域为妇女和性别平等、精神健康。

王伟勤，女，副教授。发表学术论文20多篇，主持及参与科学研究课题20多项，现任教于佛山科学技术学院电子与信息工程学院。

内 容 提 要

　　心理情感能量场是个体之间、群体之间、个体与群众之间心理情感能量互相作用、互相交换所形成的场，其存在的形式可以是个体之间面对面所形成的场，也可以是以电子网络形式存在的场。

　　家庭心理情感能量场在众多心理情感能量场中最为典型，它具有现实性、稳定性、长久性、复合性与相对复杂性等特征。家庭心理情感能量场的能量主要源泉来自家庭中的每一个成员。家庭成员通过角色规范、角色期望、角色扮演向家庭心理情感能量场提供能量。性爱、情爱、妒忌心、义务感与责任心是主导性家庭心理情感能量。

　　由于家庭心理情感能量具有多元性，根据不同的时空与情景，多元的心理情感能量会呈现出无限多的组合形态，从而形成无限多样性的家庭心理情感能量场。为了研究与认识家庭心理情感能量场，我们必须对无限多样性的家庭心理情感能量场进行类型化。任何一个家庭在其生命周期内至少都会有一个主导性家庭心理情感能量场类型。

　　家庭心理情感能量场的运行有三大机制：一是"平衡—失衡—平衡……"机制，二是家庭心理情感能量此消彼长机制，三是家庭心理情感能量外溢与阻断机制。

　　家庭心理情感能量场生命周期可分为成长期、成熟期、老年期三个阶段，每个阶段都有自己的特征，也有自己的陷阱，针对这些陷阱需要采取不同的对策。

　　家庭是社会最基本的、最核心的组织，家庭心理情感能量场的运行状态对企业、学校、社区、城市，乃至整个社会与国家都有重大的影响。这便是研究家庭心理情感能量场的现实意义。从学术的角度来讲，对家庭心理情感能量场的研究，有助于对其他心理情感能量场的理解，也有助于对其他心理情感能量场的研究。

目 录

导 论 ······ 1
  一、问题的提出 ······ 1
  二、心理情感能量场的概念及其内涵 ······ 1
  三、心理情感能量场的类型 ······ 2
  四、心理情感能量场运行的机制 ······ 3
  五、心理情感能量场的边界与生命周期 ······ 6
  六、心理情感能量场之间的关系 ······ 7
  七、家庭心理情感能量场 ······ 8
  八、研究的现实意义 ······ 9
  九、资料来源与研究方法 ······ 11

第一章 心理情感能量 ······ 13
  一、心理情感能量内涵 ······ 13
  二、心理情感能量与人性之间关系的分析 ······ 15
  三、心理情感能量产生的模型 ······ 19
  四、个体心理情感能量的特点 ······ 23
  五、个体主导性心理情感能量的形成与发展 ······ 26
  六、心理情感能量与情绪智力 ······ 31
  七、心理情感能量的影响 ······ 32

第二章 家庭心理情感能量 ······ 36
  一、性爱、情爱 ······ 36
  二、嫉妒心、义务感与责任心 ······ 40
  三、其他家庭心理情感能量 ······ 44

第三章 家庭心理情感能量场的类型 ······ 51
  一、家庭心理情感能量场的类型化 ······ 51
  二、家庭主导性心理情感能量场类型形成的因素 ······ 61
  三、家庭心理情感能量场类型相对的稳定性与可变性 ······ 71

第四章 家庭心理情感能量场平衡机制 ······················· 78
　一、家庭心理情感能量场平衡 ······························· 78
　二、家庭心理情感能量场失衡 ······························· 81
　三、家庭心理情感能量场由失衡到平衡 ··················· 84

第五章 家庭心理情感能量此消彼长机制 ···················· 94
　一、人生事件、外部事件、家庭机运轮流登场机制 ······ 94
　二、心理情感能量的耗尽与补充机制 ······················ 98
　三、边际效应递减机制 ······································ 106

第六章 家庭心理情感能量外溢与阻断机制 ················ 111
　一、家庭心理情感能量外溢机制 ··························· 111
　二、家庭心理情感能量场能量外溢的阻断机制 ·········· 122

第七章 家庭心理情感能量场生命周期的特征、陷阱及其对策 ···· 127
　一、家庭心理情感能量场的成长期 ························ 127
　二、家庭心理情感能量场的成熟期 ························ 142
　三、家庭心理情感能量场的老年期 ························ 146

参考文献 ··· 150

后　记 ··· 152

导 论

一、问题的提出

本书作者唐雄山在2015年由中山大学出版社出版的《社会工作理论与方法本土化——妇联参与社会治理及典型案例点评》一书中提出了"心理情感能量场"这个概念，并对心理情感能量场的特点和运行机制做了粗浅的分析与论述；在2018年由广州出版社出版的《湛若水的治国之道》一书中，对心理情感能量场这一理论做了进一步阐释，初步分析了心理情感能量场之间的结构关系、心理情感能量场的形成机制、心理情感能量场能量的外溢、心理情感能量场的类型。自从提出"心理情感能量场"这个概念之后，作者一直在思考这个问题，搜寻相关的文献资料。但令人遗憾的是，这方面的资料极少。正是因为如此，作者有一种内在的冲动：把自己对这个问题的思考写出来，形成一种理论体系。2017年，作者的这种冲动与想法得到了佛山市妇联的支持并立项。

二、心理情感能量场的概念及其内涵

心理情感能量场是心理情感能量互相作用、互相交换所形成的场，其存在的形式可以是个体之间面对面所形成的场，也可以是以电子网络形式存在的场，例如，各种微信群、QQ群。

当两个或两个以上的人进行交流时，一个心理情感能量场便形成了。在这个心理情感能量场内存在多股心理情感能量，这些能量影响着场内人们的心理情感活动与外在行为。

所有心理情感能量场最基本的构成要素是相同的。但是，影响这些基本要素组合形态的因素存在千差万别，从而使得每一个心理情感能量场都有其特点。

心理情感能量场基本的能量构成要素主要有：爱、恨，高兴、忧伤，占有、放弃，积极上进、懒惰保守，同情怜悯、冷漠，理性、感性，刻薄、宽容，小气、大方，乐于助人、见死不救，生存欲、死亡欲，责任心与义务感、推卸责任的欲望，报复心、宽恕心，自体性、群体性、类性，尊重、鄙视，自尊、自弃，希望、失望，诚信、欺诈，廉洁、贪婪……

每一个个体都是心理情感能量的载体，或者称心理情感能量包。每一个个体在其生命周期的不同阶段向心理情感能量场所提供和索取的心理情感能量是不一样的。

三、心理情感能量场的类型

现实社会存在着无数个心理情感能量场，我们可以将无数个心理情感能量场按照不同的维度进行类型化。类型化是我们认识世界事物的重要手段。

按复杂程度来分类，可以分为复杂的心理情感能量场与简单的心理情感能量场。一般来说，5人以下属于简单的心理情感能量场，随着人数的增加，所形成的心理情感能量场也就变得越来越复杂。

按固定或移动来分类，可以分为固定的心理情感能量场与移动的心理情感能量场。固定的心理情感能量场有家庭、办公室、工厂、学校、宿舍、小区、实验室、教室、饭堂等。公交汽车、火车、飞机、轮船、小汽车等则是移动的心理情感能量场。公交汽车、火车、飞机、轮船、小汽车等心理情感能量场的决定因素是司机、乘务人员、乘客、相关的规章制度、相关的法律。

按暂时或长久来分类，可以分为暂时的心理情感能量场与长久的心理情感能量场。暂时的心理情感能量场显著的特征是：场中的个体只是为了某个目的暂时地相处在一个共同的场内，如公交汽车、火车、飞机、轮船等。又例如，一个小型摊位构成一个潜在的心理情感能量场，不同顾客的光临使其形成不同的心理情感能量场。长久的心理情感能量场显著的特征是：场内的个体会长久地相处在一个共同的场内，不管个体之间在空间上相距有多么远。例如，家庭、家族、工作团队、同事、同学、朋友等。

按物理空间与网络空间来分类，可以分为物理空间的心理情感能量场与网络心理情感能量场。家庭、办公室、工厂、学校、宿舍、小区、实验室、教室、饭堂、公交汽车、火车、飞机、轮船等都是实体物理空间的心理情感能量场，而各种类型、各种功能的微信群、QQ群则是虚拟电子网络心理情感能量场。

不同的心理情感能量场形成的动力有所不同。例如，教室这个心理情感能量场的能量，其形成的动力有求知的欲望、传授知识的欲望、制度与规范、角色定位等。例如，公交汽车、火车、飞机这些心理情感能量场的能量，其形成的动力主要有相关制度规范、角色定位、期望。这种形成心理情感能量场的动力作为场内的一股强大的力量而存在，它独立于场内的个体，并对场内个体的心理模式与行为模式产生巨大的影响。

我们每个人一生中都生活在各种不同的心理情感能量场内，我们无法摆脱各种场力对我们心理、情感与行为的影响。

四、心理情感能量场运行的机制

任何一个心理情感能量场都存在以下五种运行机制。

（一）"平衡—失衡—平衡……"机制

"平衡—失衡—平衡……"机制是指，一个心理情感能量场得以形成，是因为场内的各种能量互相作用、互相矛盾、互相依赖、互相制约进而达到互相平衡。但是，这种平衡是相对的、不稳定的，场内的任何一股能量的变化都会引起不同程度的失衡。一般来说，当失衡程度处于轻度或中度时，心理情感能量场会自行修复，重新恢复平衡并正常运转；当失衡达到严重程度时，心理情感能量场会丧失自行修复能力，需要外部的力量介入使其恢复平衡并正常运行。但新的平衡内部存在着不平衡的因素，这些因素在合适的条件下会导致心理情感能量场再度失衡。因此，"平衡—失衡—平衡……"是一个不断往复的过程，这是一个心理情感能量场真实存在的过程。

如果一个心理情感能量场的失衡达到严重的程度，丧失自行修复能力，而没有外部力量介入，或者外部力量介入不及时或无效时，这一心理情感能量场就会解体。

（二）成长、分裂、整合机制

1. 成长机制

任何一个心理情感能量场都有成长的欲望，这种成长的欲望来自个体与组织的生存欲、发展欲、占有欲、群体性、归属感。与成长的欲望相伴而生的是成长机制。不同类型的心理情感能量场，其成长的机制存在不同程度的差异。

公交汽车、火车、飞机这些心理情感能量场成长迅速，因为其简单，人们对其的期望也简单。司机、乘务人员必要而简洁的几句话或几个动作，就会促使这种心理情感能量场形成与成长。

家庭、办公室、工厂、学校、宿舍等这类心理情感能量场的成长速度则要慢得多，因为，相对而言，这类心理情感能量场要复杂得多，人们对这类心理情感能量场的期望复杂而多样。人们清楚地认识到自己要长期依赖这类心理情感能量场。

2. 分裂机制

从理论来讲，只要有充足的时间，任何一个心理情感能量场都会发生分裂，这种分裂自从心理情感能量场形成（产生）那一刻就埋下了种子。分裂的根本原因是进入场的人有着不同的人性组合形态、价值观、心理模式与行为模式，对于同一事物有着不同的心理情感反应，出现不同的心理情感能量组合形态。但是，这种分裂一般来说并不会影响心理情感能量场作为整体的运行，相反，在许多情况下，分裂是心理情感能量场正常运行的保障。因为，心理情感能量场的正常运行需要场内各种力量互相依赖、互相制约与互相平衡。

3. 整合机制

之所以说分裂一般来说并不会影响心理情感能量场作为整体的运行，是因为心理情感能量场存在着整合机制。这种整合机制可以维护各个细分的心理情感能量场的统一，同时又保持各个细分的心理情感能量场的特色与相对独立性。宗旨、价值观、法律、规章制度、保持特色与相对独立的愿望等都是整合机制的动力。当场内某个或某些细分的心理情感能量场解体时，通过整合机制，新的细分的心理情感能量场就会形成。

（三）此消彼长机制

从上述所列的心理情感能量的内涵来看，第一，我们的心理情感能量是十分丰富、十分复杂的；第二，我们的心理情感能量往往两两相对、互相矛盾。

正是由于以上两个特点，在特定的情景下，只有少数的几股能量会占据主导地位，控制我们的思维与行为。情景发生变化，控制我们的思维与行为的心理情感能量也会随即发生变化。这就是所谓的此消彼长机制，亦可称为轮流出场机制。

这一机制不仅适用于个体，同样也适用于由个体所构成的心理情感能量场。场内不同事件的出现，会引发不同的心理情感能量扮演主角。在这个复杂而精细的过程中，有两种现象特别值得深入研究：一种是心理情感能量场的塌陷，另一种是心理情感能量场的隆起。

心理情感能量场塌陷有两种主要类型：场内某一个体或某些个体遭受不幸引起的塌陷，此时，同情、怜悯、关爱等能量会流向塌陷区域；场内某一个体或某些个体行为失范引起的塌陷，此时，轻视、不满、惋惜、仇恨、冷漠等能量会流向塌陷区域。

心理情感能量场的隆起指的是场内某一个体或某些个体地位、财富、名声的提升引起心理情感能量场部分隆起，此时，赞赏、钦佩、羡慕、妒忌等能量会流向隆起区域。

（四）耗尽与恢复机制

1. 耗尽机制

一个心理情感能量场中的每一种类型的心理情感能量都是有限的，这是因为场内个体的心理情感能量是有限的。同一类型的事件消耗同一类型的心理情感能量。

当同一类型事件连续出现，就会发生相关心理情感能量耗尽的现象。这时，场内的个体对这类事件会暂时变得麻木、无所谓、行动迟缓。这就是所谓的心理情感能量耗尽机制，也可以称为边际效应递减机制。

这种机制可以保护场内个体受到进一步的伤害，或者让场内个体变得冷静与理性，有助于防止心理情感能量场的瓦解。

2. 恢复机制

当一个心理情感能量场的某种或某些能量耗尽而长期得不到补充或恢复时，这个场中的各种心理情感能量之间的关系就会失去平衡，这时，场内个体对相关事件暂时性的麻木、无所谓、行动迟缓会演变为长期性的。这是一个心理情感能量场瓦解和死亡的前兆。

任何一个心理情感能量场都存在能量的恢复或补充机制。相关能量的恢复或补充有以下几个路径：

第一，时间。当某种心理情感能量耗尽时，在"休整"一段时间之后，这种能量会自动得以恢复。例如，当同情心与怜悯心这种心理情感能量因为各种原因耗尽时，在得到一段时间"休整"之后，这种能量就会得到恢复而重新活跃起来。这是因为同情与怜悯是个体、群体、组织的本性，它以质（或根、本、体）的形式存在。其他的心理情感能量也是如此。当然，如果某种心理情感能量（如同情心、怜悯心、责任心、义务感、群体性与类性等）被过度消耗，或者被恶意"消费"与摧残，要恢复到应有的水平则需要花很长的时间。国家应制定相关法律，禁止任何个人、任何组织以任何形式恶意"消费"、摧残人们的同情心、怜悯心、责任心、义务感、群体性与类性等。

第二，事件。当某种心理情感能量耗尽时，相应事件的出现或发生，会使这种能量得到恢复。例如，当一个场内"希望"这种心理情感能量耗尽并要转入失望或绝望时，一个成功的事件可以恢复场内的"希望"能量。当场内的同情心、怜悯心、责任心、义务感、群体性等被过度消耗时，一个相应的事件或一系列相应的事件也可以使其恢复。

第三，新成员的加入或老成员的退场。新成员的加入会使场内某种即将耗尽的心理情感能量得以恢复或得到一定的补充。例如，在家庭这个心理情感能量场，新成员的出现会使陷入失望或绝望的家庭重新充满希望与活力。任何一个心理情感能量场只要有充分的时间，都存在新成员的加入与老成员的退场。老成员如果在该退场时退场，对一个心理情感能量场来说则是一件好事；如果在不该退场时退场，则会对一个心理情感能量场造成损害与打击。同时，老成员退场的不同方式会对一个心理情感场造成不同的影响。

第四，外部建设性或滋养性力量的介入。当一个心理情感能量场中的某个或某些能量过度消耗而无法自动恢复时，则需要外部相应的建设性或滋养性力量的介入，以使其恢复，否则该心理情感能量场就会解体。

（五）能量外溢及其阻断机制

1. 能量外溢机制

任何一个心理情感能量场都存在能量外溢机制。能量外溢的动力是人与组织的本性。同情心、怜悯心、责任心、义务感、占有欲、展示自我的欲望、群体性、类性、恨、嫉妒、报复心等作为人与组织的本性以质的形式，同时也作为心理情感能量以量的形式存在。当一个心理情感能量场中的某种或某些心理情感能量达到某种程度时，便会从场中溢出，对其他心理情感能量场及其个体产生相应的影响。

心理情感能量场能量的外溢可以分为建设性能量的外溢、破坏性能量的外溢、中性能量的外溢。无论哪种类型能量的外溢，都存在自然性外溢、自主性外溢、被动性外溢三种形式。

2. 能量外溢阻断机制

一个心理情感能量场不仅存在能量外溢机制，同时，也存在能量外溢阻断机制。能量外溢阻断的动力也是人与组织的本性。趋利避害是所有个人与组织的本性，这种本性在阻断能量外溢的过程中起了十分重要的作用。有时，同情心、怜悯心、责任心、义务感也会在这个过程起十分重要的作用。心理情感能量外溢的阻断也可以分为建设性能量外溢的阻断、破坏性能量外溢的阻断、中性能量外溢的阻断。无论哪种类型能量外溢的阻断，都存在自然性阻断、自主性阻断、被动性阻断三种形式。

3. 外溢与阻断之间的较量

一个心理情感能量场中能量外溢机制与能量外溢阻断机制互相较量，力量对比此消彼长。当前者取得主导地位时，一个心理情感能量场的能量就会外溢；当后者取得主导地位时，场内能量外溢就会被阻断。究竟哪一方取得优势，影响因素很多。

五、心理情感能量场的边界与生命周期

（一）心理情感能量场的边界

任何一个心理情感能量场都有自己的边界，不同类型的心理情感能量场，其边界的特点存在差异，有些边界模糊，有些边界清晰，有些边界稳定，有些边界变动。

1. 模糊与变动的边界

朋友（包括朋友微信群、QQ 群）、同事（包括同事微信群、QQ 群）、同学（包括同学微信群、QQ 群）、钓友（包括钓友微信群、QQ 群）、客户（包括客户微信群、QQ 群）等这类心理情感能量场有着比较模糊的边界，边界的弹性与可塑性比较大。这类心理情感能量场的能量外溢及其阻断得不到有效的管控，其构成人员也在不断地发生变动。

2. 清晰与稳定的边界

家庭、班、组、工作团队、系、学院、科、室、处、局、学校等（包括相应的微信群、QQ 群）这类心理情感能量场有着十分清晰与稳定的边界。场内成员的构成相对稳定，制度、行为规范、心理模式约束了场内成员心理情感能量的释放时间、地点与方式；能量的外溢及其阻断一般来说能得到较好的管控。

（二）心理情感能量场的生命周期

任何一个心理情感能量场都有生命周期，即都要经历从诞生到死亡的过程。有些心理情感能量场的生命周期很完整，而且很长，经历了诞生、成长、成熟、衰败、死亡的全过程；有些心理情感能量场的生命周期不完整，例如，有诞生便死亡的，有诞生、成长便走向死亡的，还有诞生、成长、成熟便走向死亡的。

不同类型的心理情感能量场，其生命周期的特征不同。公交汽车、火车、飞机、轮船等为载体的心理情感能量场，诞生、成长、成熟、衰败的速度都很快，生命周期比较短。家庭、班、组、工作团队、系、学院、科、室、处、局、学校等心理情感能量场，诞生、成长、成熟、衰败的速度相对比较慢，生命周期比较长。

一个心理情感能量场的衰败与死亡，意味着另一个或另一些心理情感能量场的诞生与成长。因为一个人的一生都生活在各种类型的心理情感能量场，并在其中进行心理情感能量交换。当一个心理情感能量场衰败和死亡时，场内的个体会转移到其他心理情感能量场，或者他（他们或她们）同时就生活在其他多个心理情感能量场之中。

六、心理情感能量场之间的关系

心理情感能量场无处不在、多种多样，我们每一个人同时生活在多个心理情感能量场之中。心理情感能量场之间的关系也是多种多样，概括起来，主要可以分为三种：层次结构关系（非金字塔式）、网络结构关系、交叉与重叠关系。

（一）层次结构关系（非金字塔式）

这里的层次结构关系指的是包含与被包含的关系。例如，一所大学就是一个大型的心理情感能量场，这个大型的心理情感能量场与其内部各个学院（处）、系（科室）等心理情感能量场的关系就是一种层次结构关系。一个大型公司也是如此。又例如，一个国家是一个超大型的心理情感能量场，它与省、市、县、乡（镇）、村、组、家庭这些心理情感能量场的关系就是层次结构关系。这个庞大心理情感能量场的核心就是家庭。

（二）网络结构关系

网络结构关系是指各个心理情感能量场以网络的形式互相连接、互相感通、互相交换心理情感能量。例如，大学之间，公司之间，大学与公司之间，大学（公司）内部各横向部门之间，家庭之间，家庭与大学、公司、政府之间，国家之间，政府与大学、公司、家庭之间，就是通过网络结构的形式联系起来的。一个心理情感能量场某种能量的溢出，就会对其他的心理情感能量场产生或大或小的影响，引起其他场内心理情感能量组合形态的变化，从而导致某种相应行为的产生。这些行为反过来又会影响各个心理情感能量场能量组合形态的变化。总之，在这个巨大的网络结构中，各种心理情感能量在不断地进行传递、交换。这个巨大网络结构本身就是一个心理情感能量场。

（三）交叉与重叠关系

当一个心理情感能量场的一个或一些成员同时属于另一个或另一些心理情感能量场时，心理情感能量场的交叉现象就会出现。例如，一个组织的项目团队与工作部门之间以及各个项目团队之间，由于成员的交叉，从而形成心理情感能量场的交叉。

当一个心理情感能量场所有的成员同时属另一个或另一些较大的心理情感能量场时，心理情感能量场重叠的现象就会出现。例如，某所大学的工商管理系这一心理情感能量场，它的成员同时属于经济管理学院与该大学，这三个心理情感能量场就形成重叠的现象。

尽管心理情感能量场互相交叉或重叠，并互相影响，但是，每个心理情感能量场都有自己的独立性，有自己的边界与生命周期，有自己独立的运行机制。如果强行将一个场内的能量输入另一个场，就会引起混乱与迷茫。认识到这一点对每一个人、每一个组织都具有非凡的意义。

七、家庭心理情感能量场

家庭心理情感能量场在众多心理情感能量场中最为典型，它具有现实性、稳定性、长久性、复合性与相对复杂性等特征。

家庭心理情感能量场的能量主要源泉来自家庭中的每一个成员。家庭成员通过角色规范、角色期望、角色扮演向家庭心理情感能量场提供能量。

夫妻是家庭的核心成员，也是家庭心理情感能量最主要的提供者。夫妻关系的类型与状态，深刻影响家庭心理情感能量的组合形态与运行状态。

婴幼儿具有强大的心理情感能量。这种能量可以引起人们的爱、同情与怜悯、快乐，可以化解或减轻家庭成员心中的忧闷、痛苦、悲伤、愤怒、仇恨，可以化解或减缓家庭成员之间的矛盾与冲突。当然，婴幼儿也需要从家庭心理情感能量场中吸取能量。家庭心理情感能量场中不同能量对婴幼儿身心产生不同的影响，这种影响可能十分深远而重大。

婴幼儿的心理与认知处于混沌状态，对他们（她们）来说不存在角色规范、角色期望、角色扮演的问题。从这个角度来看，婴幼儿所提供的心理情感能量有如中国哲学中的"道"所提供的能量。人们受这种能量的影响或接受这种能量是不自觉的、不由自主的。

在这里需要特别指出的是，处于生命后期的老人对家庭心理情感能量场的影响具有特殊意义。

家庭心理情感能量场的运行机制包括上述提到的五大机制。家庭心理情感能量场有自己明确的边界，其生命周期一般来说比较长。因此，从学术角度来讲，对家庭心理情感能量场的研究，有助于理解其他心理情感能量场，也有助于对其他心理情感能量场的研究。

八、研究的现实意义

家庭是社会最基本的、最核心的组织，家庭心理情感能量场的运行状态对企业、学校、邻居、社区、城市，乃至整个社会与国家都有重大的影响。这便是研究家庭心理情感能量场的现实意义。

在本课题组的调查过程中，当问到家庭心理情感能量场运行状况对企业、学校、邻居、社区、城市，乃至整个社会与国家是否有影响时，其回答的结果如表0-1所示。

表0-1 家庭心理情感能量场运行状况对其他组织的影响

选项	小计（个）	比例（%）
A. 企业	314	48.61
B. 学校	428	66.25
C. 邻居	438	67.80
D. 社区	369	57.12
E. 城市	179	27.71
F. 国家	181	28.02
G. 未做选择	5	0.77
本题有效填写家庭数总计	646	—

从表0-1来看，有48.61%被访对象（家庭）认为家庭心理情感能量场的运行状态会对企业产生影响。企业及企业内部各个部门也是一个心理情感能量场。企业最重要、最基本的构成要素是人，企业中每一个人都生活在家庭之中，由于家庭心理情感能量的外溢，家庭心理情感能量场的能量会自然地、主动地或被动地渗透到企业中，对企业心理情感能量场产生影响。个人在企业中的地位不同，其家庭心理情感能量场的能量对企业心理情感能量场的影响就会有所差异，例如，基层员工、中层员工、高层员工家庭心理情感能量场的能量对企业心理情感能量场产生着不同的影响。具体来说，家庭心理情感能量场对企业的影响主要表现在以下两个方面：

第一，影响企业的效益。基层员工与中层员工家庭心理情感能量场的运行状态会影响企业的产品质量和生产率。一般来说，当基层员工与中层员工家庭心理情感能量场的运行状态良好时，员工身心健康，缺勤率低，士气高涨，精力充沛，注意力集中，工作效率高。反之，亦然。当高层员工家庭心理情感能量场的运行状态良好时，决策失误的概率就会大大降低，决策质量会大幅提高。决策的质量直接影响企业的成败。

第二，影响企业的和谐。当基层员工、中层员工、高层员工家庭心理情感能量场运行状态良好时，根据心理情感能量场能量外溢的原理，员工就会将家庭中幸福、快乐、关怀、大方、体贴、爱抚等能量带入企业。反之，亦然。

从表0-1来看，有66.25%被访对象（家庭）认为家庭心理情感能量场的运行状态会对学校产生影响。学校主要由学生、教师、管理者、后勤人员构成，其中主体部分是学生与教师。如果学生所在家庭出了问题，其各种不良的心理情感能量就会伴随着学生而外溢到学校，影响学生的学习效率，甚至会影响课堂纪律与同学之间的关系。反之，亦然。如果教师所在家庭出了问题，其各种不良的心理情感能量就会伴随着教师而外溢到学校，影响教师的注意力、态度和教学水平，也影响与同事之间的关系。

从表0-1来看，分别有67.80%与57.12%的被访对象（家庭）认为家庭心理情感能量场的运行状态会对邻居与社区产生影响。社区是由一个个家庭所构成的，每一个人、每一个家庭都想有一批好邻居。家庭是一个心理情感能量场，社区也是一个心理情感能量场，两者互相作用、互相影响。社区这个心理情感能量场虽然具有独立性，有自己的运行规则，对社区中所有的家庭都有影响，但是，同时，家庭心理情感能量场外溢能量的性质与大小对社区心理情感能量场会产生不同的影响。家庭心理情感能量场的运行状态影响社区的和谐、稳定与幸福，同时影响邻里关系。

从表0-1来看，分别有27.71%与28.02%被访对象（家庭）认为家庭心理情感能量场的运行状态会对所在城市与国家产生影响。家庭是一个小型心理情感能量场，城市与国家则分别是大型与超大型的心理情感能量场。这三者之间存在以下几种关系。

第一,层次结构关系。在这种关系下,家庭处于核心,也就是说,城市心理情感能量场与国家心理情感能量场的心理情感能量的终极来源就是家庭,家庭输出能量的类型与质量,决定着城市与国家心理情感能量的类型与质量。

第二,网络结构关系。在这种关系下,家庭心理情感能量场的能量会随时随地传导给城市与国家。例如,根据本课题组问卷调查,在646个被访对象(家庭)中,有39.47%的人承认自己在公交车上的心情会受到出门前家里发生的事件的影响。这一比例在模范家庭那里为37.61%,在问题家庭那里为52.83%,在普通家庭那里为38.45%。因此,家庭心理情感能量场的运行状态会影响城市与国家文明的程度。

第三,交叉与重叠关系。在这种关系下,家庭心理情感能量场中的能量就是城市与国家心理情感能量场的能量。

九、资料来源与研究方法

(一)资料来源

本书的资料来源主要分为两类:一是问卷调查的数据资料,二是具体的案例资料。

为了完成本课题,课题组成员设计了一份调查问卷,共计62道题。佛山市妇联相关领导与工作人员对问卷进行了全面的审核,并提出了十分重要的修改意见,这些意见的绝大部分被课题组采纳。

为了获取详细的数据资料,我们将问卷调查的对象分为三类:模范家庭、问题家庭与普通家庭,并进行统计分析。因此,本书所使用的数据资料有四种:模范家庭的资料、问题家庭的资料、普通家庭的资料、三类家庭的综合资料。具体的样本数如表0-2所示。

表0-2 三类家庭样本统计

选项	小计(个)	比例(%)
A. 模范家庭	117	18.11
B. 问题家庭	53	8.20
C. 普通家庭	476	73.68
本题有效填写家庭数	646	—

其中,模范家庭的样本由佛山市妇联提供,问题家庭的样本由课题组成员余慧珍与郑妙珠通过社工机构取得,普通家庭的样本由佛山市妇联与本课题成员余慧珍、郑妙珠共同提供。因此,本书所使用的调查数据资料具有真实性、科学性与合理性。

本书使用了大量的案例，这些案例主要由佛山市妇联相关部门提供，一部分由课题组成员余慧珍与郑妙珠通过在社工机构进行咨询而取得。为了不泄露个人隐私，案例中隐去了相关人员的姓名。

(二) 研究路径与研究方法

本课题的研究路径是：第一，构建心理情感能量场理论架构，在本书导论的第二、三、四、五、六部分及第一章，阐述的就是心理情感能量场基本理论；第二，以家庭心理情感能量场为切入点，对心理情感能量场理论进行深入、详细的论述与分析。因此，本书是心理情感能量场理论的奠基之作，对研究其他心理情感能量场具有重要的启示与指引的作用。

本课题的研究方法主要有三个：问卷调查法、案例法与诠释法。

问卷调查法、案例法在前面已经做了说明。这里简要说明一下诠释法。在本书中，诠释法指的是运用导论中所构建的心理情感能量场理论对调查数据资料与案例进行深度分析，并以此来拓展心理情感能量场理论。

第一章 心理情感能量

从情感与情绪的起源上看,一部分情感、情绪直接源于人性的某些要素,一部分情感、情绪则间接源于人性,或者说是人性的次生物,即人性组合形态的产物。人性是人心理情感能量的本原与本体,人性构成要素便是心理情感能量构成的要素。情感、情绪与人性是一个统一体的两面,是一件事物的本与末、里与外、体与用。情感、情绪与人性诸要素、人性诸要素的组合形态共同构成人类的心理结构,并贯穿人类心理活动的全过程。

个体主导性心理情感能量的形成与发展是一个十分漫长的过程,其核心是主导性人性组合形态的形成。一旦个体主导性心理情感能量形成,个体一生中绝大多数行为都受其支配或影响。个体主导性心理情感能量形成与发展受生物遗传、家庭、学校教育、同伴集体、社会分工与实践、宏观环境等因素的影响。

心理情感能量最大的特征就是它无处不在的,我们始终受其影响,无法逃离。

一、心理情感能量内涵

我们每一个人都是心理情感能量的载体,或者称心理情感能量包,深入地说,我们每一个人实际就是一个相对独立的心理情感能量场,因为,在任何一种情景下,都有"多个我"同时存在,只不过其中只有一个"我"取得了主导性地位,使得"其他的我"处于被遗忘或被压制的状态。但是,"其他的我"会随时觉醒,摆脱压制而取得主导地位。因为,"其他的我"是作为人的本性(即"我"的本性)而存在。

"其他的我"作为人的本性以质的形式而存在,作为人的心理情感能量则以量的形式而存在。因此,人性是人的心理情感能量的本原与本体,人的心理情感能量则是人性(人的本性)的外现形式。人性作为质,无多少之别,无大小之异,无高低之差,无增减之说。心理情感能量,则有多少之别,有大小之异,有高低之差,有增减之说。

由于人性是人心理情感能量的本原与本体,人性构成要素便是心理情感能量的构成要素。

心理情感能量基本的构成要素主要有:爱、恨,高兴、忧伤,占有、放弃,积极上进、懒惰保守,同情怜悯、冷漠,理性、感性,刻薄、宽容,小气、大方,乐于助人、见死不救，生存欲、死亡欲，责任心与义务感、推卸责任的欲望，报复心、宽恕心，自体性、群体性、类性，尊重、鄙视，自尊、自弃，希望、失望，诚信、欺诈，廉洁、贪婪……

西汉著名思想家贾谊在其著作《新书·道术》中对人的心理情感能量的构成有比较详细而全面的分类与描述，他说：

亲爱利子谓之慈，反慈为嚚；子爱利亲谓之孝，反孝为孽。爱利出中谓之忠，反忠为倍。心省恤人谓之惠，反惠为困。兄敬爱弟谓之友，反友为虐。弟敬爱兄谓之悌，反悌为敖。接遇慎容谓之恭，反恭为媟。接遇肃正谓之敬，反敬为嫚。言行抱一谓之贞，反贞为伪。期果言当谓之信，反信为慢。衷理不辟谓之端，反端为玷。据当不倾谓之平，反平为险。行善决衷谓之清，反清为浊。辞利刻谦谓之廉，反廉为贪。兼覆无私谓之公，反公为私。方直不曲谓之正，反正为邪。以人自观谓之度，反度为妄。以己量人谓之恕，反恕为荒。恻隐怜人谓之慈，反慈为忍。厚志隐行谓之洁，反洁为汰。施行得理谓之德，反德为怨。放理洁静谓之行，反行为污。功遂自却谓之退，反退为伐。厚人自薄谓之让，反让为冒。心兼爱人谓之仁，反仁为戾。行充其宜谓之义，反义为懵。刚柔得适谓之和，反和为乖。合得密周谓之调，反调为鰲。优贤不逮谓之宽，反宽为阨。包众容易谓之裕，反裕为褊。欣熏可安谓之煴，反煴为鸷。安柔不苛谓之良，反良为啮。缘法循理谓之轨，反轨为易。袭常缘道谓之道，反道为辟。广较自敛谓之俭，反俭为侈。费弗过适谓之节，反节为靡。僶勉就善谓之慎，反慎为怠。思恶勿道谓之戒，反戒为傲。深知祸福谓之知，反知为愚。亟见窕察谓之慧，反慧为童。动有文体谓之礼，反礼为滥。容服有义谓之仪，反仪为诡。行归而过谓之顺，反顺为逆。动静摄次谓之比，反比为错。容志审道谓之閒，反閒为野。辞令就得谓之雅，反雅为陋。论物明辩谓之辩，反辩为讷。纤微皆审谓之察，反察为旄。诚动可畏谓之威，反威为圂。临制不犯谓之严，反严为软。仁义修立谓之任，反任为欺。伏义诚必谓之节，反节为罢。持节不恐谓之勇，反勇为怯。信理遂惔谓之敢，反敢为揜。志操精果谓之诚，反诚为殆。克行遂节谓之必，反必为怛。

贾谊在这里共列举了110种心理情感能量，这110种心理情感能量被一分为二，两两相对。实际上，心理情感能量远不止这110种。

任何一个心理情感能量场都同时存在所有的心理情感能量。这些心理情感能量互相矛盾、互相制约、互相平衡，最终某一种能量或某些能量会取得相对主导性的地位。例如，当家庭有人去世或出现意外，悲伤这种心理情感能量就会主导家庭心理情感能量场。不同的人去世或出现意外，同一家庭不同成员释放的悲伤能量的类型与量是不同的。同一个人去世或出现意外，不同的家庭成员释放的悲伤能量的类型与量也是不同的。

二、心理情感能量与人性之间关系的分析

心理情感能量表现为情感与情绪。

情感，用英文表示是 feel、feeling。前者是动词，后者是动名词，即感觉、感到，是一个知觉性的心理体验。相对情绪而言，情感维持的时间较长。情绪，用英文表示是 emotion。从这个词来看，情绪是众多心理活动中的冲动，是情感的外溢，它可能与知觉无关，也可能与知觉有关。相对情感而言，情绪维持的时间短。情绪一般而言是特定事件或人物所诱发的。例如，一个教师发现这个学期自己的监考特别多，而其他老师的监考要少得多，他很生气，很不高兴，甚至很愤怒。他会当场质问有关人员：为什么给我安排这么多场的监考？别人为什么少得多？当他得到合理的解释之后，这种情绪就会立刻消失。

某种情感会导致相应的情绪，但是，情感与情绪也存在着分离的现象。例如，你爱某个人，但因为某件事，你对他（她）会生气、愤怒。你关心、爱你的子女，但是，你的子女不听话，考试不及格，你会很生气，有时会十分愤怒，甚至会动手打他们。关心、爱是情感，而生气、愤怒是情绪。

情感与情绪是人类心理结构中的重要组成部分，是人类的心理情感能量。它们与人性及人性的组合形态存在十分密切的关系。许多人分不清楚什么是情感，什么是情绪。实际的情况是，情感与情绪很难分辨，许多学者也不做分辨，将两者混而论之。上述对情感与情绪的区分，也只是逻辑上的。在人的复杂的心理活动过程中，要将情感与情绪进行分离，存在着操作上的巨大困难。

从情感与情绪的起源上看，一部分情感、情绪直接来源于人性的某些要素，一部分情感、情绪则间接来源于人性，或者说是人性的次生物，即人性组合形态的产物。

直接来源于人性的情感、情绪主要有爱、恨、妒忌心、同情心、怜悯心等。但是，作为人性的爱、恨、妒忌心、同情心与作为情感、情绪的爱、恨、同情心、怜悯心、妒忌心是不同的。前者是普遍的、永恒的，而后者虽然也具有普遍性，但是，它们是具体化的、可变的，可以用"量"来进行衡量。

另一部分情感、情绪则是人性的次生物，是人性组合形态的产物。这些次生物主要有鄙视、冷漠、骄傲、谦卑、烦恼、愤怒、悲伤、忧愁、忧郁、依恋、柔情、体贴、关怀、思念、热情、快乐、幸福、自负等。

例如，爱，无论是情爱还是性爱，都会产生柔情、体贴、关怀、思念、热情、亲切等情感或情绪。

嫉妒则会产生苦涩的情感与矛盾的心境。

恨则会产生愤怒、冷漠、鄙视等情感或情绪。

当自己的生存受到威胁时，则会产生恐惧、担忧、焦虑、不安的情感或情绪。

当自己的占有欲得不到满足，或者失去某个有价值的东西（物、人或友谊）时，则会产生失望、悲观、忧愁等情感或情绪。当自己的占有欲、虚荣心、报复心得到满足时，则会产幸福、快乐、骄傲的情感或情绪。

自卑往往是由于对自己目前拥有的一切不满足的结果。

顽固与自负则来自人性中的虚荣心。

贪婪则是人性中的占有欲摆脱了人性中其他要素的制约从而导致人性失衡的产物。

勇敢与胆怯是不是人性？英国哲学家休谟将这两点都归为人性。勇敢、胆怯及情感这类东西是个体化、具体化的东西。它们都是人性诸要素在外部环境的影响下互相作用的产物，即人性组合形态的产物。勇敢是人性中好斗心（或斗争心）的产物。胆怯与恐惧是生存欲或占有欲面临巨大威胁时的产物。勇敢与胆怯似乎还与个体的性格、气质有很大的关联，具有先天的特征。当生存欲与责任心相结合时，一个人就会表现出勇敢。当责任心、义务感与死亡欲结合在一起时，一个人也会表现出勇敢。当生存欲取得主导地位，一个人可能表现出勇敢，也有可能表现出胆怯。

无论是直接来自人性的情感与情绪或是人性诸要素互相作用而产生的情感与情绪，都是可变的、暂时的，它们随时都有可能消失。所不同的只是，情感持续的时间稍长，而情绪持续的时间要短一些。如情爱与性爱所产生的体贴、柔情、关怀与思念等情感或情绪，就会随时消失。永远、不间断的思念或永远、不间断的关怀是不符合事实的，在某种程度上也是反人性的。因为这种情况会阻碍人们寻找快乐、幸福与自由。由妒忌心所产生的苦涩、仇视、不高兴、愤怒的情感与情绪也会随时消失。而且，这些情感与情绪在不同的个体那里，其强弱的程度不一样；同一个体面对不同的事件或人，其强弱的程度也存在极大的差异。由占有欲的满足所产生的骄傲与幸福也不能持久，否则，人类社会就不会进步。有研究证明，占有欲的满足带来的幸福感一般只能维持很短的时间，而且，随着占有欲一次次得到满足，幸福感维持的时间就会越来越短，直到最后没有幸福感。这时，有可能会形成强迫自己满足自己占有欲望的令人痛苦的强迫症。一般来说，占有欲越容易得到满足，幸福感维持的时间就越短，幸福的程度也越低。反之，幸福感维持的时间就越长，幸福的程度越高。例如，一个人第一次得到优秀，他会十分幸福，幸福感的持续时间会很长；第二次得到优秀，他的幸福感相对前一次就会下降许多，幸福感持续的时间也会大大缩短；第三次得到优秀，他的幸福感相对第二次又会下降许多，幸福感持续的时间又会大大缩短。这就是所谓的"边际效用"递减，任何事物都存在"边际效用"递减。

其实，关于情感、情绪与人性、人性组合形态的关系问题，我国先哲们早有论述，只是在我国古代思想家那里，情感与情绪并无区别，并将两者统称为情。

性与情是荀子人性思想中一对十分重要的范畴，也是荀子对儒家思想史和中国思想史的一大贡献。荀子认为，性与情相分。从时间上来考察，性在前，情在后；

从因果关系上来考虑，性是原因，情是结果；从动与静看，性是静，情是动。荀子说："性也者，吾所不能为也，然而可化也；情也者，非吾所有也，然而可为也。"（《荀子·儒效》）意思是，性是先天的，不是由我决定的，然而，我们可以利用礼法来影响人性的组合形态，对人性起"化性起伪"的作用；情则是性感物而派生出来的，是人性诸要素运动组合的结果，不是我本有的，我们可对之进行控制。

荀子又说："生之所以然者谓之性。性之和所生，精合感应，不事而自然谓之性。性之好、恶、喜、怒、哀、乐谓之情。……性者，天之就也；情者性之质也；欲者，情之应也。"（《荀子·正名》）从这段话来看，荀子认为，人性是人与生俱来的属性，是阴阳调合、精微物质互相感应的自然产物，它与人为的作用无关。值得特别关注的是，荀子指出情源于性，是性动的产物，也就是说，人性的某些要素因动而直接转化为情，另一些情感与情绪则是人性要素互相作用、运动组合的产物。

荀子把"心"（认识、推理的思维器官）称为"天官"，而情则是性触物发自于"心"，所以被称为"天情"，即自然而然所产生的情。他说："天职既立，天功既成，形具而神生，好恶、喜怒、哀乐臧焉，夫是之谓天情。"（《荀子·天论》）好恶、喜怒、哀乐是性、心、外界事物三者互相作用的结果。在这里，心起了桥梁与决定性作用。同样的人、事、物，通过心的引导，可以产生快乐、幸福，也可产生嫉妒、痛苦。

郭店楚简之《语丛二》对情与性的关系有十分经典的论述：

爱生于性，亲生于爱……
欲生于性，虑生于欲……
恶生于性，怒生于恶……
喜生于性，乐生于喜，悲生于乐。
愠生于性，忧生于愠，哀生于忧。
…………

从《语丛二》的论述来看，性是情的本原，同时也是情的本体。由性派生出来的情多种多样。更多的情感与情绪是性的派生物。尽管这些论述从今天的角度来看存在一些值得推敲的地方，但其研究方向与方式方法，总的来说是正确的。

荀子与郭店楚简之《语丛二》中关于性与情的思想得到了继承与发展。

《孝经纬·援神契补遗》："性者人之质……情者，阴之数，内传著流，通于五脏。故性为本，情为末。性主安静恬然守常；情也者，接物而生也。"

唐代诗人、哲学家韩愈说："性也者，与生俱生也。情也者，接物而生也。"（《韩昌黎集·原性》）唐代另一位哲学家李翱则进一步说，"性与情不相无也。虽然，无性则情无所生矣。是情由性而生"，"情不自情，因性而情；性不自性，由情以明"。(《复性书》)所谓的"以明"就是表现、外现的意思。朱熹也说,"性是静,情是动",又说"性只是理,情是流出运用处"。(《朱子·答潘谦之》)

情感、情绪是人性的直接产物或人性组合形态的产物。那么,情感、情绪与人性是不是存在对立呢?这是一个一直存在争论的问题。对此,笔者从以下两个方面来做初步的回答。

(1)情感、情绪一部分是人性要素因外界刺激直接转化而来,一部分则是人性诸要素运动组合的产物。从广义上来说,情感、情绪属于人性的一部分,是具体化的、特殊的人性。因此,情感、情绪与人性是一个统一体的两面,是一件事物的本与末、里与外、体与用。情感、情绪与人性诸要素、人性诸要素的组合形态共同构成人类的心理结构,并贯穿人类心理活动的全过程。对此,中国历史上许多哲学家都有论述。前面已有些引述,在此再做些补充。董仲舒说:"性情相与为一。"王安石说:"性情一也。……性者情之本,情者性之用。"① 西方也有不少哲学家将情感视为人性的一部分,休谟就是其中著名的代表,他说:"自然若不是给予心灵以某些原始的性质,心灵便永远不能有任何次生的性质;因为在那种情形下,心灵就没有行动的基础,也永远不能开始发挥它的作用。但是,我们所必须认为原始的这些性质,是和灵魂最不可分离的,而且不能还原到其他性质的那些性质。……这些情感显然不但被一种自然的特性,而且还被一种原始的特性所决定来把自我作为它们的对象的。这种特性的作用既是恒常而稳定的,所以没有人能够怀疑它们不是自然的。"②从休谟的观点来看,人性与情感、情绪是一体两面的存在,情感、情绪可以还原为性,人性可以发展为情感与情绪。

(2)情感与人性存在矛盾与对立。由于人性诸要素之间存在矛盾,因此,某一(些)要素或层次所派生出来的情感会与人性其他要素或层次相对立、相对矛盾。例如,恨派生出来的愤怒、冷漠、鄙视、憎恶等情感与人性中的情爱、同情心、怜悯心相对立。特别是人性失衡所产生的情感可能会与人性发生严重的对立,不管这些情感在人们看来是积极的或消极的。例如,贪婪,这个人性失衡的产物,它与人性要素中的责任心、义务感、同情心相对立。贪婪、自私自利是人性中的占有欲在人性组合形态中取得绝对支配地位的结果,而贪婪、自私自利则会派生出无情、冷漠。贪婪、自私自利、无情、冷漠等与人性中的责任心、义务感、同情心、怜悯心、群体性与类性等存在严重的冲突。

关于性与情之间的矛盾与冲突,南北朝时的哲学家刘昼说:"情出于性而情违性;欲由于情而欲害情。情之伤性,性之妨情,犹烟冰之与水火。烟生于火而烟郁火,冰出于水而冰遏水。"(《刘子新论·防欲》)唐代的李翱对此也有论述。但是,需要指出的是,中国哲学有一种较为普遍的现象:认为性为善,而情则有善有恶。

---

① 《性情论》,转引自张岱年《中国哲学大纲》,中国社会科学出版社1982年版,第209页。
② [英]休谟:《人性论》(上下册),关文远等译,商务印书馆1991年版,第314页。

从人性构成的角度来看，性无所谓善，也无所谓恶，人性是自然而然的存在，是由许多要素所构成的一个统一体。情是人性的产物，是人性诸要素运动组合的外现形式。善与恶都有可能是人性失衡的产物。绝大部分人的绝大部分观念与行为既非善，亦非恶；绝大部分人的一生中绝大部分时间都生活在非善非恶的世界中；我们的生活中充满了非善非恶的事件。因为，人性总体与总趋势平衡是我们人性组合的正常形态，人性失衡则是非正常的人性组合形态。

从这个角度来看，由人性要素直接产生的或由人性要素组合形态而产生的心理情感与情绪，虽然有善、有恶，有建设性、有破坏性，但大部分心理情感与情绪则无善恶之分，无对错之别，无是非之判。这是人类心理情感能量的重要特征之一，无视这个特征，将使我们的研究和认识走向歧途。

三、心理情感能量产生的模型

通过上述对人性与人类个体心理情感能量之间关系的分析，我们构建了心理情感能量产生的模型，如图 1-1 所示。这一模型对理解人类个体心理情感能量产生的路径具有十分重要的作用，对理解心理情感能量场（包括家庭心理情感能量场）也具有十分重要的作用。

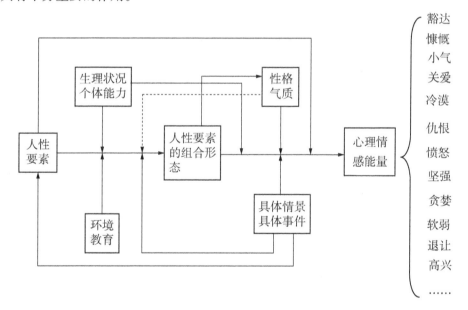

图 1-1　人类个体心理情感能量产生的模型

在这里，对上述模型中一些关键内容做必要的说明。

模型中的人性要素是指人性的构成要素，如生存欲与死亡欲、占有欲与放弃欲、情爱与性爱、同情怜悯心与冷漠心、责任心义务感与推卸责任的欲望、嫉妒心与赞赏之心、爱美之心与"美的迷失"、报复心与宽恕心、归属感与独处的欲望、好奇心与惰性、自体性与群体性及类性等。① 这些人性要素是人类心理情感能量的本源与本体。就本源而言，人类所有心理情感能量都源于人性的要素，就本体而言，当人性要素演化成人的心理情感能量之后，这人性要素仍然内在于人的心理情感能量之中，成为心理情感能量的本体。从这个意义来说，人的心理情感能量属于广义的人性。

模型中的生理状况包括身高、胖瘦、长相、灵巧程度、有无缺陷、有无疾病、遗传基因等。生理状况对人性的组合形态、心理情感能量有着十分重要的影响，例如，一个四肢健全、身体健康的人的人性组合形态与一个四肢不全的人的人性组合形态是不同的，尽管他们（她们）可能是同胞兄弟或姐妹。正是因为人性组合形态不同，导致了他们（她们）心理情感能量存在差异，这种差异也许非常巨大。又例如，一个长相美丽的姑娘的人性组合形态与一个长相平平的姑娘的人性组合形态也会存在极大的差异，进而导致其心理情感能量存在极大的差异。特别值得注意的是，同一个人其人性的组合形态在生病之前与生病之后是不同的，其心理情感能量也存在差异。

模型中的个体能力包括生理上的能力、智力上的能力及职业与职位所产生的能力。这些能力有先天的也有后天的。个体能力对人性组合形态的影响表现在几个方面：一是具有不同能力的人其人性组合形态存在差异，例如，一个具有雄才大略的人与一个才能平平的人，其人性组合形态是不同的，其心理情感能量也存在差异；二是随着一个人能力的变化其人性组合形态也会发生变化，这种变化会导致心理情感能量的变化。例如，一个人失明前与失明后的人性组合形态不同，其心理情感能量也会存在巨大的差异。又例如，一个人在拥有权力时和失去权力时其人性组合形态不同，其心理情感能量也不同。

模型中的环境包括宏观、中观与微观的自然与社会环境。宏观环境包括大的历史文化背景、大的自然条件、国家的政治经济制度等；中观环境是指地域性自然环境、风土人情、历史传统、饮食习惯、地方性法规与政策；微观环境是指组织文化、组织制度、组织战略、组织政策，以及家族与家庭背景、人际资源、富贵贫寒。这三个层次的环境会同时影响个体的人性组合形态与个体心理情感能量。例如，从宏观的角度来看，美国人、中国人、日本人、印度人的人性组合形态是不同的，其心理情感能量也存在差异；从中观的角度来看，广东人、湖南人、新疆人、北京人的人性组合形态是不同的，其心理情感能量也存在差异；从微观的角度来看，千万富翁与清洁工的人性组合形态是不同的，其心理情感能量也存在差异。例如，在孟母三迁的故事中，存在三种微观的环境：坟场、市场与学校。这三种环境对孟子的人性组合形态与心理结构产生了不同的影响，使孟子形成三种不同的人性

---

① 参见唐雄山等《现代管理学原理》，中国铁道出版社 2015 年版，第 21－30 页。

组合形态与心理情感能量，因而产生三种不同的行为模式。

模型中的教育包括受教育的内容、受教育的方式、受教育的程度与受教育的背景。例如，一个只读过小学的人与获得了博士学位的人的人性组合形态不同，其心理情感能量必然存在差异。又例如，一个人在读初中时的人性组合形态与在读博士时的人性组合形态会具有极大的不同，其心理情感能量必然存在差异。一个中国人在中国读小学、初中、高中与大学，形成了相对稳定的人性组合形态。大学毕业后，他去了美国，在经过十分剧烈的文化冲突之后，他留在了美国，在美国读了硕士与博士，他的人性组合形态在不知不觉中发生了巨大的变化，其心理情感能量也会在不知不觉中发生巨大的变化。从事实的角度而言，这种变化无是无非、无善无恶、无对无错、无美无丑。

从模型来看，性格与气质对个体的人性组合形态具有影响，同时，对个体的心理情感能量也具有重要的影响。

个性的英文单词是 personality，最早源于古希腊语 persona，此词的原意是指希腊戏剧中演员所戴的面具。面具随所演人物角色的不同而变换，体现了角色的特点和人物的个性。面具与人所承担的角色相一致，一个人表演（承担）什么角色就带什么面具。这就是说，一个人的个性随着所扮演角色的变化而变化。一个人一生中要扮演许多角色，他的个性也在不断地发生变化。个性（角色）的变化导致人性组合形态发生变化，进而导致心理情感能量的变化。例如，在父母跟前，一个人会产生并释放儿女的心理情感能量；在儿女跟前，一个人会产生并释放父母的心理情感能量。

在我国，personality 被译为人格。但是，从我们所用人格一词的含义来看，它与 personality 应有的含义存在根本性的差异。

personality，即个性，是指一个个体的心理结构及行为特性，这些特性区别于其他个体的心理结构及行为特征，它不具有褒贬之意，不具备伦理道德的成分。而人格，在我们用到它时，它是指人作为人而应该具有的积极要素，如同情心、责任心、爱等。因此，人格是指人作为人应该有的普遍属性，是一种价值判断与价值导向，而不是指个体的特点，不是指一个个体区别于其他个体的特有属性。

有鉴于此，将 personality 译为个性更为合适。如译为人格，则会造成一系列的混乱。

从图 1-1 来看，气质是人类心理情感能量的重要变量。从模型上看，气质影响着人性要素与层次的组合形态，同时，它也影响着现时（当下）的心理状态。例如，由于气质的不同，我们每一个人高兴或愤怒的程度、表达的方式与持续的时间会有差异。当然，气质也影响我们的行为模式。

气质的英文单词是 temperament，即脾气、脾性，它是个体天生的、典型的、稳定的心理特征。这个定义有以下几层含义：

第一，气质是先天的个体心理特征，是来自先辈的遗传，或者是遗传变异的结果。后天只能发现、挖掘、开发、强化已经存在气质。强化可以使得某种气质格外突出,但是不能无中生有。

第二,气质是属于个体的,是一个个体区别于其他个体重要的指标。

第三,气质具有相对稳定性,一般来说很难改变。

每个人都有自己的气质,而世界上的人是无数的,这使得我们在了解、认识人的过程中面临许多困难。于是,学者们便对人的气质进行分类,以便我们更快捷地认识、了解一个人。目前,被人们普遍接受的是希波克拉底(Hippocrates)和盖仑(Galen)的分类。

希波克拉底(Hippocrates,公元前460—公元前377年)是古希腊的医生,盖仑(Galen,公元129—200年)是古罗马的医生。根据他们的观点,人体内有四种体液:血液、黏液、黄胆汁、黑胆汁。四种体液的不同含量决定了人的气质。这四种体液不同含量的人依次形成了多血质、黏液质、胆汁质和抑郁质四种气质类型。

多血质的人,情绪兴奋性高,思维、言语、动作敏捷,心境变化快但强度不大,稳定性差。活泼好动,富有生气,灵活性强。乐观亲切,善于交往,浮躁轻率,缺乏耐力和毅力。不随意反应性强,具有可塑性。外倾性明显。

黏液质的人,情绪兴奋性和不随意反应都较低,沉着冷静,情绪稳定,深思远虑,思维、言语、动作迟缓。交际适度,内心很少外露,坚毅执拗,淡漠,自制力强。感受性较低而耐受性较高。内倾性明显。

胆汁质的人,情绪兴奋性高,反应迅速,心境变化剧烈,抑制能力较差。易于冲动,热情直率,不够灵活。精力旺盛,动作迅猛,性情暴躁,脾气倔强,容易粗心大意。感受性较低而耐受性较高。外倾性明显。

抑郁质的人,感受性很强,善于觉察细节,见微知著,细心谨慎,敏感多疑。内心体验深刻但外部表现不强烈,行动迟缓,不活泼。易于疲劳,疲劳后也易于恢复。办事不果断和缺乏信心。内倾性明显。

需要在这里说明的是,上述的归类是一种典型化归类。在现实生活中,很少有人的气质表现得如此典型。我们多数人的气质是混合型的,只是可能偏向四种气质的某一种。

这里还涉及另外一个词:性格。性格,英文单词是character。我国的学者一般将性格定义为:人对现实的态度和行为方式中比较稳定的心理特征,并认为它是一种与社会最为密切相关的个性要素,受到人的价值观、人生观、世界观的影响。这种定义实际上就是人性诸要素、诸层次的组合形态。

瑞士心理学家荣格从内向、外向来分析个体的性格。他认为,具有内向型性格的人沉静谨慎,深思熟虑,顾虑多,反应缓慢,适应性差,情感深沉,交往面窄,等等;具有外向型性格的人主动活泼,情感外露,喜欢交际,热情开朗,不拘小节,独立性强,对外界事物比较关心,等等。荣格这种对个体性格的分析实际上与希波克拉底、盖仑的气质论相类似。

从图1-1来看，具体情景与事件既影响人性的组合形态，也影响人的心理情感能量。不同类型的情景与事件，产生不同的人性组合形态，激发出不同的心理情感能量。例如，当一个人面临悲惨的事件时，同情心、怜悯心在人性组合形态会取得主导地位，相应的心理情感能量便会涌现。根据图1-1，具体情景与事件对个体的心理情感能量的产生存在三种情况：

第一，具体情景与事件作用于人性要素，使其中的某个或某些要素直接转化为心理情感能量，并有可能在这种心理情感能量的作用下采取相应的行动。例如，孟子所说的"孺子入井"便是这种情况。这种心理情感能量的产生与教育、政治经济环境、法律制度、社会风气等都没有关系。由这种心理情感能量推动而产生的行为，与教育、政治经济环境、法律制度、社会风气等也没有关系。

第二，具体情景与事件作用于人性要素，使其中的某个或某些要素在人性组合形态中取得相对主导性的地位，进而产生相应的心理情感能量。

第三，具体情景与事件作用于已经存在的人性要素的组合形态，进而产生相应的心理情感能量。

四、个体心理情感能量的特点

（一）独特性与共通性

每个人的心理情感能量都有其独特性，都与其他个体的心理情感能量不同。根据前面图1-1所展示的人类个体心理情感能量产生的模型，我们可看出个体心理情感能量的独特性形成的原因。

第一，个体之间人性诸要素的组合形态不同。由于每个人所具有的能力、生理状况、生活环境和所受教育的不同，使得每个人的人性诸要素的组合呈现出不同的形态。例如，有些人的占有欲在人性组合形态中取得了主导地位，另一些人的同情心、怜悯心在人性组合形态中取得了主导地位，这种差异导致了他们之间心理情感能量的差异。又例如，小偷的人性组合形态与警察的人性组合形态存在极大的差异，这种差异导致了两者心理情感能量的巨大的差异；科长的人性组合形态与总理、总统的人性组合形态存在极大的差异，这种差异也导致了两者心理情感能量的巨大的差异。

第二，性格、气质的独特性。性格与气质一部分来自遗传，另一部分来自后天的培养。每个人先天的遗传都不同，后天的培养条件也有差异，所形成的性格与气质也就各异。不同性格与气质的人，心理情感能量先天就存在差异。

第三，心理状态的差异性。我们现时（当下）的心理状态受到性格、气质、具体的情景、具体的事件、教育的影响，同时也取决于人性诸要素、诸层次的组合形态。而在所有这些因素里，除了具体的情景、具体的事件之外，我们每个人都不一样，这就决定了我们现时（当下）心理情感能量的差异性、独特性。同样一件事使我们产生同样的高兴或愤怒的心理结构，但是，我们每一个人高兴或愤怒的程度、表达的方式、时间持续的跨度都会不同，有的差异还比较大。有时，我们面对同样一件事会产生不同的心理结构。例如，选举班长，一个班的学生有着不同的心理状态，有人高兴，有人失望，有人嫉妒，进而产生不同的心理情感能量。又如，一个人病了，有人会心存同情，有人会心存庆幸，也有人会心存冷漠。组织之间、国家之间也是如此。例如，面对中国成功举办奥运会，有的国家高兴，有的国家嫉妒，有的组织或国家仇恨、愤怒。

尽管我们每个人的心理情感能量与其他人都不同，但并不意味着我们与其他人在心理情感能量上没有共通性。

第一，人性诸要素的同一性、无差异性，使得人们之间基本的心理情感能量要素具有同一性与无差异性。

第二，由于所处的环境相同或相似，或者由于所受的教育相同或相似，或者由于生理状况与能力相似，一个个体的人性诸要素的组合形态与其他一些个体的人性诸要素的组合形态会存在共通性。共通的人性组合形态产生共通的心理情感能量。

第三，由于所处具体情景或所面临具体事件的相同或类似，个体现时的心理状态可能会有共通性，因而会有共通的心理情感能量。例如，突然的爆炸会使我们在场的每个人都会产生恐惧的心理状态与心理情感能量，尽管每个人恐惧的程度不同，但在恐惧这一点上则是一样的。例如，中国获得奥运会的举办权，绝大多数中国人有着相似的心理结构与心理情感能量：高兴。尽管，每个中国人高兴的程度、表达方式、持久度各不相同。中国成功地举办了奥运会，绝大多数中国人也有着相似的心理结构与心理情感能量：自豪。

个体心理情感能量的独特性与共通性对我们有着十分重要的启示。

第一，任何一个心理情感能量场都是一个生态性结构，场内的每一个成员都有自己独特的心理结构与心理情感能量，它决定了一个场的多样性与活力。管理者应从生态的角度来看待每一个成员，要有一种开放与包容的心态，在国际化与全球化的今天，这一点十分重要。因为，在一个心理情感能量场中可能存在多种肤色、多种文化、多种宗教、多种价值观。

第二，尽管场内每一个成员的心理结构与心理情感能量有其独特性，但是，场内成员之间的心理结构与心理情感能量也存在着共通性，这就意味着场内成员之间有着互相沟通与交流的心理基础。同时，可以对场内成员进行分类，即进行模板化，这样有助于我们加快对场内成员的了解与认识，提高心理情感能量场的运行效率。

(二) 稳定性与可变性

个体的心理情感能量具有稳定性与可变性。就稳定性而言，主要包括如下几个方面。

第一，人性诸要素的稳定性、永恒性。这种稳定性与永恒性是就时间与空间两个方面来说的。不论在任何时间、任何地点，任何一个个体都具有人性的任何一个要素，因而也就具有相应的心理情感能量。

第二，个体主导性人性组合形态具有相对稳定性。只要促使它形成的个体的能力、生理状况、性格、气质以及所处的微观、中观与宏观环境没有发生大的变化，已经形成的个体主导性人性组合形态一般来说也不会发生变化，与这种主导性人性组合形态相关联的心理情感能量就具有相对稳定性。例如，如果孟子一直住在坟地旁边，他的人性组合形态、心理结构、心理情感能量与行为模式就会保持相对的稳定性。主导我们一生中绝大多数言行的就是我们主导性的人性组合形态及其相关联的心理情感能量。

就可变性而言，主要包括如下几个方面。

第一，虽然个体主导性的人性组合形态具有相对稳定性，但是，只要个体的能力、身体状况、环境、教育等发生重大的变化，个体主导性的人性组合形态就会发生变化。例如，就个体能力与生理状况而言，一个健全的人突然变成不健全的人，其人性诸要素组合形态会发生剧烈变化与调整，形成一种新的主导性人性组合形态，以适应新的能力与生理状况，否则，其人性就会失去平衡，造成心理痛苦与迷惘，甚至死亡的欲望会战胜生存的欲望。又如一个穷人突然得到一笔巨额财富，或一个富人突然破产，其原来的主导性人性组合形态就会被打破，形成新的主导性人性组合形态，否则，其人性就会失去平衡。

第二，能力、性格、气质一部分来自先天的遗传，一部分来自后天的教育培养。就其后天部分来说，则是可以变化的。后天的培养方式、程度直接影响个体能力、性格、气质的最后形成。从图1-1所展示的模型来看，个体能力、性格、气质不仅影响个体的人性组合形态，而且直接影响个体的心理情感能量。

第三，个体现时（当下）所处的具体情景与事件是可变的，而且是随时随地发生变化的。例如，导致愤怒或悲伤这种心理情感的具体情景与事件，是不可能长时间存在的。离开了具体的情景与事件，某一特定的心理状态与心理情感能量就会消失。我们每天都要经历众多不同的情景与事件，我们每天的心理状态与心理情感能量在不断地变化。有时在很短的时间内，我们就有可能会经历喜、怒、哀、乐、恨、妒、悔等各种心境。人不可能、也不应该长期生活在思念、怀念、悲伤、仇恨之中。

个体心理结构与心理情感能量的稳定性与可变性对我们有两个重要的启示：

第一，因为个体心理结构与心理情感能量具有稳定性，因此，个体心理结构与心理情感能量是可以了解、把握的。通过了解、把握场内成员的心理结构与心理情感能量，就可以预知场内成员的行为。同样，观察场内成员的行为模式可以了解场内成员的心理结构与心理情感能量，因为，一定的行为模式与一定的心理结构、心理情感能量相联系。

第二，个体心理结构与心理情感能量具有可变性，也就是说个体心理结构可以被塑造，相应的心理情感能量可以被激发。组织可以根据需要设置各种制度、环境来塑造符合组织利益与目标的理想的组织成员心理结构，从而形成一个理想的心理情感能量场。这一点可用来提高组织运行效率，推进组织变革。

（三）生物性与社会性

从图 1-1 "人类个体心理情感能量产生的模型"来看，个体的心理结构及心理情感能量是生物性与社会性互相作用的结果。

首先，人性组合形态是个体能力、生理状况与社会环境、教育相互作用的结果。而且，社会环境与教育影响着个体能力与生理状况。

其次，个体现时（当下）的心理状态与心理情感能量是现时的具体情景、具体事件与个体性格、气质、教育相互作用的结果。现时（当下）的具体情景、具体事件决定着某种心理状态与心理情感能量是否出现，而个体性格、气质、教育决定这种心理状态出现的速度，以及这种心理情感能量的强度和持续的时间。例如，现时（当下）某种具体情景、具体事件导致了愤怒或怜悯的发生，而个体性格、气质、教育则决定了愤怒或怜悯出现的速度、强度和持续的时间。

五、个体主导性心理情感能量的形成与发展

前面的内容实际上已经涉及了个体心理情感能量形成与发展的问题，下面我们将详细地论述个体主导性心理情感能量的形成与发展机制及其动力。

个体主导性心理情感能量的形成与发展是一个十分漫长的过程，其核心是主导性人性组合形态的形成。一旦个体主导性心理情感能量形成，个体一生中绝大多数行为都受其支配或影响。个体主导性心理情感能量的形成与发展受生物遗传、家庭、学校教育、同伴集体、社会分工与实践、宏观环境等因素的影响。

（一）生物遗传

生物遗传是个体主导性心理结构与心理情感能量形成与发展的基础。从前面图 1-1 "人类个体心理情感能量产生的模型"来看，有四个变量与遗传有关：生理状况、个体能力、性格与气质。可见，遗传对个体心理结构与心理情感能量具有至关重要的影响。

不同的人有不同的遗传，因而产生不同的结果。1963 年，厄伦米耶-吉姆林

(Erlenmeyer-Kimling）和亚威克（Jarvik）进行了血缘关系、环境与智力发展的相关性研究，结果如表 1-1 所示：

表 1-1 血缘关系、环境与智力发展的相关性

血缘关系与类别	相关系数
无血缘关系而又生活在不同环境	0.00
无血缘关系但自幼在同一环境长大者	0.20
养父母与养子女	0.30
亲生父母与亲生子女（生活在一起）	0.50
同胞兄弟姐妹出生后在不同环境长大者	0.35
同胞兄弟姐妹出生后在同一环境长大者	0.50
异卵双生子不同性别而在同一环境长大者	0.50
异卵双生子同性别而在同一环境长大者	0.60
同卵双生子出生后在不同环境长大者	0.75
同卵双生子出生后在同一环境长大者	0.88

从表 1-1 可以看出，血缘关系接近的人在智力发展水平上确实有接近的趋势。无血缘关系但自幼在同一环境长大者的智力相关系数为 0.2，说明环境的影响占 20%，而遗传的影响力达到 80%。同卵双生子出生后在不同环境长大者的智力相关系数为 0.75，同卵双生子出生后在同一环境长大者的智力相关系数为 0.88，两者相差 0.13，说明环境对同卵双生子智力的影响力只有 13%，而遗传的影响力达到 87%。

可见，环境对先天的智力与能力不会有太大的影响。有研究表明，不仅在智力与能力上如此，在气质、性格上也是如此。例如，外向（急躁、和蔼、喜欢引人注目）受基因的影响程度为 61%，保守（尊敬传统和权威、守纪律）受基因的影响程度为 60%，忧郁（易忧伤、灰心、感情脆弱、敏感）受基因的影响程度为 55%，创新（喜欢在更高层次思考问题）受基因的影响程度为 65%，孤僻（爱独处、总感到被人利用或为生活所抛弃）受基因的影响程度为 55%，乐观（自信、愉快、快乐）受基因的影响程度为 54%。也就是说，个体主导性的心理情感能量具有先天性。

（二）环境

虽然个体主导性心理情感能量的形成受遗传因素的影响，但是，环境对个体的价值观、思维方式、情感表达模式、能力被开发的程度与被开发的方式等，有着极大的影响。所有这些对个体主导性人性组合形态有着极为重要的影响，而个体主导性人性组合形态是个体主导性心理情感能量的基础与核心。同时，只有极少数人的

气质与性格可以归类为典型的外向型、保守型、忧郁型、创新型、孤僻型、乐观型，我们绝大多数人的气质与性格并不典型，具有高度的可塑性，也就是说，绝大多数个体的人性组合形态、心理结构、心理情感能量具有高度的可塑性。具体地说，绝大多数个体主导性的人性组合形态、心理结构、心理情感能量的形成与发展受到家庭、学校、同伴、组织、宏观环境这些心理情感能量场的影响。

1. 家庭

家庭是整个社会核心、最基本的心理情感能量场，它具有稳定性、长期性、边界明确性，对个体主导性心理情感能量的形成具有极为重要的作用，具体表现在以下两个方面。

（1）胎儿期。

胎儿期也被称为产前期。对胎儿期的关注说明了两个问题：第一，在母亲子宫里的胎儿不但有了感觉，有了人的各种情感，如喜、怒、哀、乐、恐等，而且还有了思维，也就是说有了心理结构；第二，在胎儿期形成的心理结构与心理情感能量会延续到出生之后，乃至终生。实际上，我国古代思想家贾谊（西汉前期）就注意到了这问题，并明确地提出了胎教的概念，论述了胎教的重要性、内容、方法。①

研究表明，父亲与母亲及其家族身体的情况、父母的生育年龄、父母的生活习惯、父母患病与用药情况、母亲的情绪状态等因素，对胎儿的心理结构与心理情感能量的影响至关重要。

（2）幼儿期。

一般来说，一个人的幼儿期是在家庭中度过的。家庭对幼儿的心理结构与心理情感能量的形成起着绝对支配性的地位。幼儿期形成的心理结构与心理情感能量的特点对个人以后的心理与行为产生重要的影响。成人的许多心理结构特征与行为可以追溯到幼儿期的独特经历。

幼儿期与胎儿期是个体心理结构与心理情感能量独特化阶段。个体与个体之间心理与行为的差异基本上是在这两个阶段形成的。幼儿期是个体心智迅速发展的黄金时期。

2. 学校

学校是一个半封闭的心理情感能量场。如果说胎儿期与幼儿期是个体心理结构与心理情感能量差异化和特殊化的两个阶段，学校教育期则是在某种大的社会背景下，个体心理结构与心理情感能量同一化阶段。

学校基本上用同样的教材、同样的方法与手段将相同的社会价值观教给学生，对学生进行工业化的心理结构与心理情感能量重塑，目的是造就特定社会所需要的

---

① 参见唐雄山《贾谊礼治思想研究》，中山大学出版社2005年版，第271－272页。

人，把本来具有不同心理结构特质与心理情感能量的人塑造成统一的社会公民。这些人适合公共社会的生活与秩序，面对同样的事件呈现出同一化心理结构、心理情感能量与行为模式。例如，面对交通路口的红绿灯，这些社会公民的心理结构、心理情感能量与行为模式是同一的；进入充满诱惑的自选商场，这些社会公民的心理结构、心理情感能量与行为模式是同一的；面对银行大把的钞票与珠宝店里的黄金白银，这些社会公民的心理结构、心理情感能量与行为模式也是同一的。这样，经过长期的教育塑造，个体的心理情感能量与外现行为具有一定的可预知性。这正是学校教育的目的之所在，也是整个社会得以正常运转的前提。

3. 同伴

同伴群体是一个开放型的心理情感能量场。不同类型的同伴群体对个体心理结构与心理情感能量产生不同的影响。

第一，良性的同伴群体。良性的同伴群体有利于强化人性中的责任心、义务感、同情怜悯心，使人性中这些要素在人性的组合形态中处于相对突出的位置，并制约占有欲、嫉妒心、报复心的过度扩张。同时，良性的同伴群体有利于个体规划未来，并对未来充满信心。

第二，不良的同伴群体。不良的同伴群体有利于强化人性的冷漠、嫉妒、贪婪，并使之在人性的组合形态中处于相对主导的位置。在不良的同伴与集体中充满了失败与挫折，充满了对社会的仇视，并将自己的失败与挫折归于社会与他人。在这里，人们没有希望，看不到将来，无法对未来做出任何有意义、有价值的规划。

第三，中性的同伴群体。中性的同伴群体对个体心理情感能量的影响也是中性的，只是满足人们的某种喜好。中性的同伴群体主要有钓鱼会、麻将棋友等。有些人偶尔生活在中性同伴群体之中，有些人则长期生活在中性同伴群体之中。值得注意的是，中性同伴群体可以向良性同伴群体发展，也可以向恶性同伴群体转化，这就需要社会引导与个人把握。

4. 组织

人必须由学校走向社会，必须生活在组织之中。社会中的大大小小、形形色色的组织就是一个个心理情感能量场。组织使个体的心理结构与心理情感能量呈现出职业化、职位化与组织化。

第一，不同职业的个体，其心理结构与心理情感能量存在差异。例如，教师与医生的心理结构、心理情感能量存在差异，医生与清洁工的心理结构、心理情感能量差异比较大。一个人由一种职业转向另一种职业，其心理结构与心理情感能量也会随之转变。

第二，不同职位的个体心理结构与心理情感能量存在差异。例如，科长与省长的心理结构、心理情感能量存在巨大的差异，省长与总理的心理结构、心理情感能量也存在很大的差异，科长与科员的心理结构、心理情感能量差异较小。一个人的职位发生变动，其心理结构、心理情感能量也会随之发生变化，但是，这种变化存在一定的滞后性。

第三，进入不同组织的个体，其心理结构与心理情感能量存在差异。不同的组织有着不同的组织文化。组织文化是一个完整的文化体系，有组织价值观、组织宗旨、组织战略与策略、组织制度与程序、组织正面人物与反面人物、组织历史与传奇、组织形象等。组织文化是组织心理情感能量场中至关重要的能量，个体一旦进入某组织，就会受到这个组织文化的影响，主动或被动地接受这股能量，从而使自己的心理情感能量呈现出组织化的特征。

5. 宏观环境

宏观环境实际上就是一个宏大的心理情感能量场。宏观的心理情感能量场对个体心理情感能量的形成起着总方向性、总框架性的作用。

例如，在"政治人"时代（工业化之前的时代），政治权力的重要性与决定性，使得人们对政治权力有一种特别的向往。在个体的人性组合形态中，只要有可能，对政治权力的追求、占有、扩大的欲望就会处于主导性的地位，因为，对政治权力的占有决定了对其他一切（包括女人或男人）的占有数量与质量。不得已，对政治权力的追求、占有、扩大的欲望才会退居次要的地位或无足轻重的地位，形成另外一种或一些人性组合形态。

又例如，在"经济人"社会（工业化与商业化社会），由于政治权力的分配与运作的规则已经制定，政治秩序已经完善，政治权力作用与使用受到严格的限制，其所产生的利益也变得十分有限，同时，由于工业革命使得创造大量财富成为可能，人们的兴奋点便转向了经济。经济财富取代了政治权力而成为社会运行过程的主导性力量，对经济财富占有欲的相对满足，在很大程度上意味着其他欲望的相对满足。因此，在一般人的人性组合形态中，占有财富的欲望取得了主导性的地位。"钱不是万能的，没有钱是万万不能的"是对"经济人"社会人们的人性组合形态、心理结构、心理情感能量、行为模式、社会运行规则十分深刻而生动的描写。

又例如，在"社会－文化人"时代（自梅奥与卡西尔之后），由于文化（包括教育、科学技术、社会科学、艺术、历史、宗教等）力量的上升，文化不仅仅是一种权力与利益，而且它本身会创造、产生权力与利益。在社会一切资源的分配过程中，被文化的程度与质量是一个至关重要的考量，因此，对文化的权益与被文化（受教育）的权益的追求在人们的人性组合形态中取得了主导性地位。政治权力如何分配的规则已经制定完毕，经济利益分配规则也已经基本确定，政治权力与经济财富的作用受到了严格的限制，"有权能使鬼推磨"与"有钱能使鬼推磨"在总体上与总趋势上已经结束，人们的兴奋点在转向文化的同时，也转向了自己社会性、情感性的需要。因此，在"社会－文化"时代，社会与文化主导着人性组合形态。

这种"双元主导"的现象将会持续多长时间？这取决于新的时代什么时候到来。人类历史大背景使人类的人性组合形态呈现出历史的阶段性。

当然，在上述三种社会中除了存在三种主导性、方向性或趋势性的人性组合形态外，同时还存在许多其他的人性组合形态，并且在不同的个体与群体那里会出现不同的情况。

六、心理情感能量与情绪智力

情绪智力这个概念是由美国耶鲁大学的萨洛维（Salovey）和新罕布什尔大学的梅耶（Mayer）提出来的。它是指个体识别、理解自己和他人的情绪状态，并利用这些信息来解决问题和调节行为的能力。

情绪智力包括三个方面的内容：

（1）正确地识别、评价、表达自己和他人的情绪。
（2）适应性地调节、控制自己和他人的情绪。
（3）适应性利用情绪信息，以便有计划地、创造性地激励行为。

上述三个方面可以归结为两点。第一，情绪智力就是识别、控制、利用自己心理情感能量的能力，它要求我们了解自己当下心理情感能量是什么，是良性的还是不良的。情绪可能与情感存在矛盾，更有可能与人性的组合形态存在矛盾，如果这样的话，这种或这些心理情感能量就是表面的、事件化的、临时的。如果事件消失，或产生这种（或这些）情绪的时空情景出现新的变化，这种心理情感能量就会消失。否则，这种情绪可能是根本性的，它来自人性的组合形态，或者源自人的情感。不同类型的情绪需要采取不同的对应策略。第二，情绪智力就是一个人察言观色和利用察言观色所得到的信息来解决问题、处理关系、发展自己的能力。它要求我们首先了解、分析并理解他人的人性组合形态、心理结构与心理情感能量，然后根据具体的需要调整或利用他人的人性组合形态、心理结构与心理情感能量。

从情绪智力的角度来看，任何一种人性组合形态、心理结构与心理情感能量都具有利用价值。有时，为了某种需要，必须创造条件改变他人的人性组合形态、心理结构与心理情感能量为我所用。巨额的财富、很高的地位、美女、对死亡的恐惧、对亲人的爱、对祖先的崇敬、对鬼神的崇拜与恐惧等，都可以用来改变他人的人性组合形态、心理结构与心理情感能量，使他人的心理活动朝着有利于自己的方向发展。心理战就是情绪智力的具体运用。例如，俄国人就是利用情绪智力在莫斯科打败了不可一世的拿破仑的。《孙子兵法》实际上就是一部教人如何利用情绪智力战胜敌人的经典著作，在中国的历史上也有许多此类经典的案例。例如，战国时期的田单复齐，就是运用情绪智力，改变人们的人性组合形态与心理结构，进而激发人们巨大的心理情感能量的典型案例。

田单本来只是齐国安平地区一个管理市场的普通官员，燕军攻打齐国时，田单带领全族的百姓从安平逃到即墨城。大家看田单足智多谋，非同凡人，就推举田单为将，率领大家守城抗燕。田单担任守城指挥官后，觉得自己资历浅，又没有指挥过打仗，为了服众，为了最终打败敌人，他采取了一系列措施，以改变全城人的心理结构，塑造有利的情绪状态。

田单与全城民众结成利益共同体。田单从自己做起，与士兵同甘共苦，守城巡逻，还把本族人和自己的妻子儿女也编入军中，共同抗敌。田单给予城中百姓希望，提供战胜敌人的精神支柱。

田单要求全城的百姓，吃饭的时候院中都要设供桌，摆上食品。天上飞的鸟见到院中供桌上的食品都飞下来啄食，百姓看后以为这是神灵派下神鸟帮助他们战胜燕国，从而增强了抗敌的信心。

为了战胜敌人，田单断绝人们投降的念头，形成誓死一战的人性组合形态、心理结构与心理情感能量。田单秘密派人到城外去，散布流言说："齐人最怕被燕军捉到后把鼻子割掉，那样会不战自降的。"燕军听说后，就把投降的齐人的鼻子都割掉并挂起来。即墨城的军民见到燕军如此残暴，决心宁死不降燕。接着，田单又派人到城外散布流言说："其实齐人最害怕的不是被割掉鼻子，而是被挖掉祖坟。那样齐人就会被迫全部投降了。"燕军得知这个消息后，就挖掉了即墨城外齐人的祖坟，将死人焚烧掉。当墨城的全体将士和百姓知道后，都悲痛欲绝，发出以死相拼的呼声。田单乘机带领全城人民杀出城外，以一当十，奋勇作战，终于打败了燕军，收复了齐国。

从上述这个案例来看，情绪智力的核心就是识别自己和他人当下的心理情感能量以调整自己的行为；或者创造条件激发人们的心理情感能量，以达到预设中的目标。在上述这个案例中，即墨城就是一个大型的心理情感能量场，城外的燕军也是一个大型的心情感能量场。这场战争实质上就是两个心理情感能量场之间的较量。胜负取决于哪个心理情感能量场拥有更强大、更持久的心理情感能量。

七、心理情感能量的影响

在上述关于田单守即墨城的案例中，已经展示了心理情感能量的影响。在现实生活中，心理情感能量最大的特征就它无处不在，我们始终受其影响，无法逃离。

（一）个体心理情感能量对自身的影响

个体的心理情感能量对自己身心、行为、能力、工作效率、人际关系等产生巨大的影响。表1-2与表1-3是问卷调查统计的结果。

表1-2 当您的心情好时

选项	小计（个）	比例（%）
A. 感觉身体也好	479	74.15
B. 工作、学习效率高	527	81.58
C. 对家人、同事、同学态度好	474	73.37
D. 做好事的动力强	410	63.47
E. 不愿意与他人发生冲突	266	41.18
F. 对前途充满希望	324	50.15
G. 其他	2	0.31
本题有效填写家庭数	646	—

表1-3 当您的心情不好时

选项	小计（个）	比例（%）
A. 感觉身体也不好	377	58.36
B. 工作、学习效率不高	479	74.15
C. 对家人、同事、同学态度不好	326	50.46
D. 做好事的动力不强	371	57.43
E. 容易与他人发生冲突	331	51.24
F. 对前途没有信心	195	30.19
G. 其他	9	1.39
本题有效填写家庭数	646	—

从表1-2与表1-3来看，人的心情的好坏对人的身体产生巨大的影响。当心情好时，74.15%的受访者感觉自己的身体也好；当心情不好时，58.36%的受访者感觉自己的身体也不好。心情好指的是一个人心里充满了高兴、愉快、舒爽等心理情感能量，这些能量有助于提高人的免疫能力、改善人的血液系统，对肝、胆、脾、胃、肾等人体器官都具有积极作用。心情不好指的是一个心里充满了悲伤、失望（或绝望）、愤怒、仇恨、嫉妒等心理情感能量，这些能量会破坏人的免疫能力与血液系统，对肝、胆、脾、胃、肾等人体器官都具有巨大的破坏性作用。

调查数据显示，模范家庭的受访者当心情不好时，有62.39%的人感觉自己的身体也不好，而问题家庭的这一比例为50.94%，普通家庭为58.19%，这是否说明模范家庭与普通家庭成员的身体更容易受到不良心理情感能量的伤害？如果事实如此，其发生的机制是什么？这些都值得进一步研究。

从表1-2与表1-3来看，人的心情的好坏对人的工作与学习的效率、人际关系、做好事的动力等产生巨大的影响。在此不再一一进行分析。

（二）个体受他人心理情感的影响

在不同的情景下，面对不同的事件，他人的心理情感能量对一个人的心理、行为产生不同的影响。这里的"他人"是指除自己之外的人。

例如，当购买一件重要的东西时，家人、亲戚、朋友或同学的心理情感能量对一个人的影响不同，问卷调查统计的结果见表1-4。

表1-4　在购买一件重要的东西时，您会考虑什么

选项	小计（个）	比例（%）
A. 价格	536	82.97
B. 质量与性能	580	89.78
C. 款式	434	67.18
D. 家人的感受	272	42.11
E. 亲戚的感受	58	8.98
F. 朋友或同学的感受	65	10.06
G. 其他	3	0.46
本题有效填写家庭数	646	—

从表1-4可以看出，当购买一件重要的东西时，42.11%的受访者会考虑家人的感受，模范家庭成员受访者这一比例为52.14%，问题家庭成员受访者这一比例为28.3%，普通家庭成员受访者这一比例为41.18%。这一组数据表明，模范家庭成员与普通家庭成员的心理结构、思维模式、行为更容易受到家庭其他成员心理情感能量的影响，家庭的矛盾与冲突也就更少。

又例如，在公交汽车（包括其他公共交通工具与公共场所）这个心理情感能量场，他人的心理情感能量会对个人心理情感模式与行为产生重大的影响，问卷调查统计的结果见表1-5。

表1-5　在公交汽车上，您的心理情感会受到什么的影响

选项	小计（个）	比例（%）
A. 司机的情绪与行为	422	65.33
B. 同座的乘客的情绪与行为	367	56.81
C. 车内其他乘客的情绪与行为	377	58.36
D. 乘车的道德与规范	406	62.85
E. 出门前家里发生的事情	255	39.47

续表 1-5

选项	小计（个）	比例（%）
F. 其他	8	1.24
本题有效填写家庭数	646	—

我们每一个人都同时生活在私人空间与公共空间，即私人心理情感能量场与公共的心理情感能量场。一方面，我们穿梭在私人心理情感能量场与公共的心理情感能量场之间，在这两者之间进行转换；另一方面，我们穿梭在公共的心理情感能量场之间，在不同类型的公共心理情感能量场之间进行转换。在公共的心理情感能量场，我们更多地受到他人的心理情感能量与公共心理情感能量场的道德规范的影响。

公共汽车是一个开放的、移动的、短期的、不稳定的心理情感能量场，因此，对于每一个乘客来说，这个心理情感能量场充满了不确定性。在不确定的环境中，一个人更容易受到他人心理情感能量的影响。从表 1-5 来看，有 65.33% 的受访者表示，在公共汽车上，自己的心理情感会受到司机的情绪与行为的影响；有 56.81% 的受访者表示，自己的心理情感会受到同座乘客的情绪与行为的影响；有 58.36% 的受访者表示，自己的心理情感会受到车内其他乘客的情绪与行为的影响。调查统计数据显示，这些在模范家庭成员、问题家庭成员、普通家庭成员之间的差异很小。

（三）个体心理情感能量引发一个或多个心理情感能量场波动

任何一个个体都同时生活在多个心理情感能量场之中，个体任何心理情感能量的释放都会引发一个或多个心理情感能量场或小或大的波动。不同的心理情感能量对心理情感能量场会产生不同的影响，因为心理情感能量是任何一个心理情感能量场的气氛、士气、凝聚力、和谐度、对未来的希望、执行力、从众力、压力、暗示力、感染力、助长力、抑制力、惰化力等的重要变量。我们可将众多心理情感能量场比喻为互相联通的水体，每个水体的特征不同，当一个人同时向多个水体投入物体时，各个水体都会有所波动。波动的大小、特性一方面受水体的特征的影响，另一方面受投入物体的特征、大小、多少的影响，同时受投入方式的影响。

例如，在现代网络化社会中，我们每一个人都同时属于多个"群"（微信群或QQ 群），每一个"群"就是一个心理情感能量场，每一个心理情感能量场具有不同的特质，拥有不同的心理情感能量。当我们将同一件事（内含心理情感能量）同时发送到各个"群"时，各个"群"的心理情感能量都会出现不同程度的波动，有的波动极小，几乎难以觉察，有的则会产生巨大的波动，引发"群"（场）内心理情感能量之间的互相撞击。

第二章　家庭心理情感能量

古希腊人认为，"假若有什么东西是符合自然的，那么这就是婚姻"①。卢梭说："一切社会之中最古老而唯一自然的社会就是家庭。"② 家庭是人性的直接产物，是人类社会最早、最基本、最自然的社会细胞。《易传》说："有天地然后有万物，有万物然后有男女，有男女然后有夫妇，有夫妇然后有父子，有父子然后有君臣，有君臣然后有上下，有上下然后礼义有所错。"（《序卦》）由此可见，男女之事、夫妻之合在家庭、社会、国家的形成过程中的地位。从人性的角度来看，家庭是性爱、情爱、占有欲、嫉妒心、义务感、责任心共同作用的产物。家庭可以用这样一个公式来表示：家庭 = 性爱 + 情爱 + 责任 + 占有欲 + 嫉妒。这五者是家庭心理情感的基本能量，缺一不可。任何一个能量的缺失都会导致人性失衡，并最终导致家庭瓦解。

一、性爱、情爱

家庭首先是两性结合的结果，因此，性爱在家庭的起源过程中起着决定性的作用。在古希腊人看来，婚姻有双重职能：养育生命和建立生活共同体。大自然在让男女相互接近时，为他们植入了一种"强烈的欲望"，一种既想"交合"又想"联姻"的欲望。③ "交合"就是性爱，"联姻"就是由性爱、性关系而产生的情爱与互相占有及互相承担责任与义务的心理。

人类与其他动物在性方面的显著区别是，人类的性爱没有周期性的限制。雄性与雌性几乎一直处于发情期，而且，随时都可能达到性高潮，两性之间的性行为及由此派生出来的一切行为、情感与关系可以经常进行和不间断地得到维持。性的经常性冲动使雄性与雌性长期地互相依赖，并由此产生情感及其他一切心理上的依赖关系。这为家庭的诞生奠定了初步基础。

有的历史学家甚至力图证明类人猿进化成人的基本条件是类人猿性冲动的频繁。他们说，由于雄性要讨好雌性，并为哺乳期的雌性提供更多的食物，就不得不

---

① 李银河：《福柯与性——解读福柯〈性史〉》，山东人民出版社2001年版，第184页。
② ［英］卢梭：《社会契约论》，何兆武译，商务印书馆1991年版，第9页。
③ 参见李银河《福柯与性——解读福柯〈性史〉》，山东人民出版社2001年版，第184页。

用后肢行走，以便前肢能携带更多的东西。慢慢地后肢进化为脚，前肢进化成手。

还有的学者认为，人类体毛的退化不是纯自然选择的结果，而是古人类性选择的结果。达尔文曾指出，皮肤有传递性信息的作用。皮肤下有高密度的血管，色泽变化灵敏。猿和猴子在发情繁殖期间，其裸露的皮肤比平时大一些。特别是臀部裸露的皮肤，变得鲜红醒目，有利于吸引异性。男原始人更喜欢无体毛或体毛少的女原始人，女原始人也更喜欢无体毛或体毛少的男原始人。在进化的过程中，无体毛或体毛少的原始人更容易传代，因此，原始人的体毛逐步消失。①

不管这些观点是否正确，但是可以肯定地说，性爱作为人性最基本的要素与人类最基本的心理情感能量，在家庭的形成过程中起了决定性的作用。谈大正先生说，人类雌性连续性交和达到性高潮的能力稳定了男女之间的结偶关系。雄性不再需要东游西逛地寻求正处于发情期的雌性，而只要选择喜欢的雌性，居住在一起，只要条件许可，双方愿意，随时可以性交。② 而正是这种相对稳定的性关系，才有可能产生稳定的情爱、义务与责任关系。

这里有一个问题：是先有性爱还是先有情爱？这是一个难以回答的问题，而且是一个现代人的问题。在不同的人那里，在不同的情境之下，两者的组合关系不同。有时可能先有性爱，然后逐渐产生情爱；有时可先有情爱，然后才有性爱。也有这样的情况：有情爱但无性爱，有性爱但无情爱。

然而，对家庭来说，情爱与性爱都是不可或缺的，至于谁先谁后则是一个无关紧要的问题。事实证明，先有情爱并不能保证婚姻的幸福。苏联有一项调查称，越是因为爱情而结合的婚姻越不幸福。该调查发现，在 1500 名调查对象中，有 70%～80% 是因爱情而结合的，15%～20% 是因为人人都结婚才结婚的，3%～10% 是因个人利益而结婚的。进一步的调查发现，因爱情而结合的人婚后百分之百感到不幸福，因人人都结婚而结婚的人中幸福者占十分之四五，因利益而结合的人中十个幸福对七个不幸福。③ 不管这个调查的数据是否可信，我们还是可以从这个调查得到一些启示。因爱情而结合的人往往对婚姻有很高的期望，期望越高，失望就越大。这种期望与现实之间的差距使人难以接受，情爱由高峰转入低谷，从而也影响性爱的正常进行。情爱与性爱的双双失利使得婚姻无法幸福。同时，也存在这样一个事实，轰轰烈烈的爱情往往发生在俊男俏女们的身上，这些人往往有性自恋倾向。从表面上看，他们（她们）爱对方；实际上，他们（她们）爱自己。这些人对与异性交合的条件、情景一般来说十分挑剔。

无论是古代还是现代，性爱与情爱在维持家庭稳定的过程中都是至关重要的。

---

① 参见谈大正《性文化与法》，上海人民出版社 1998 年版，第 2 页。
② 参见谈大正《性文化与法》，上海人民出版社 1998 年版，第 2 页。
③ 参见李银河《性·婚姻——东方与西方》，何兆武译，陕西师范大学出版社 1999 年版，第 129 页。

但是，在不同个体之间或在不同的家庭之间，性与情的组合关系、各自所起的作用有着明显的差异。

就个体而言，无论男性或女性，有的性欲极为强烈，有的性欲一般，有的性欲低下。就同一个体而言，性欲也是随着时空的变化而变化的。性欲的这种差异性使得情爱显得十分重要。因为，在组成家庭之前，人们很少有机会知道对方性欲的强度。性欲强度相等或相当的男人与女人组合成家庭的机会并不是很大。就算是性欲强度相等或相当的男人与女人组合成家庭，其中一方的性欲强度在其一生中也在不断地发生变化，很难一直做到性和谐或性匹配。

当代学者李银河说："性这件事在人们的生活中拥有极其不同的地位——在那些每天性交和成年累月才做一次的人们的心目中，性的重要性显然会有极大的差异。值得注意的是，男女双方的感情同性交频率之间并没有必然的联系，婚姻的稳固同性交的频率也并没有必然的联系。有些很少性交的夫妻，感情还是很好的；性交的频繁也并不能防止离婚。"①

李银河先生的说法基本上是正确的，但是，笔者想就李银河先生的结论提出三点看法。

第一，性交虽然是性爱或性宣泄的最主要途径，但并非唯一途径。随着时间与空间的变化，再加上个体的差异性，肤体的接触、抚摸、注视、言语都可以达到性爱或性宣泄的目的。这可以解释丧偶的老人需要再婚的原因。福柯生前对性宣泄做了大量的哲学思考，提出了"快感的非性化"的观点。他指出，人们"正在用他们的肉体的一些非性器官的部分，即透过对肉体的色情化，发明各种新的行乐方式。我认为这是一种创造，一项创造性的事业，其主要的特征之一，我想可以称之为'快感的非性化'。那种认为肉体快感永远应当来自性快感的观点，以及那种认为性快感是我们所有可能获得的快感的观点，我认为实在是大谬不然"②。虽然福柯是针对"虐恋"而言，但是，他的这个结论具有普遍的意义。实际上，中国人对"快感的非性化"早有认识，或者说对肤体的接触、抚摸、注视、言语等的性宣泄的功能早有认识。"男女授受不亲"，"非礼勿视，非礼勿听，非礼勿言"，等等，在某种意义上就是对"快感的非性化"行为的禁止与规范。

第二，"有些很少性交的夫妻，感情还是很好"，这个"有些"值得思考。这个"有些"很可能是那些性欲强度相匹配的男男女女。同时，"这些"夫妻也许可以通过"快感的非性化"的手段或途径来达到性爱、性宣泄的目的。这样使得家庭的组成要素之间依然能维持平衡，夫妻关系良好，家庭稳固。

第三，透过李银河先生的结论，我们可以看出情爱在家庭维持过程中的平衡作用。随着性的淡化，情爱在家庭中的作用变得十分重要。在情与性的组合关系中，

---

① 李银河：《性·婚姻——东方与西方》，陕西师范大学出版社1999年版，第75页。
② 李银河：《性·婚姻——东方与西方》，陕西师范大学出版社1999年版，第99－100页。

情取得了支配性的地位。这种情不仅仅是夫妻双方之间的情,更为重要的可能是他们对他们共同关注的对象——子女(或孙子、孙女)的情。这样,情便构成了一张坚固的网,任何一方想冲破这张网都十分困难。

自古以来就存在婚外性行为。汤姆森(Thompson, A. P.)将婚外性关系分为三类:第一,有感情无性(性关系);第二,有性无感情;第三,有感情亦有性。[①] 如果我们承认肤体的接触、抚摸、注视、言语等也具有性宣泄功能的话,那么,我们每个人都有婚外性行为。进一步说,我们将婚外性行为严格定义为生殖器的互相作用,有婚外性行为的人也不是少数。汤姆森(Thompson, A. P.)在澳大利亚做了一项随机抽样调查,调查对象中43%的人承认一生中至少有一次婚外性行为。美国印第安那大学性学研究所盖哈德博士(Gebhard, P)以1980年的研究为依据做出以下估计:美国有婚外性行为的人在男性中占60%,在女性中占35%~40%。另一项调查研究证明,4%有此类行为的人曾征得配偶的同意。[②]

研究证明,婚外性行为与家庭破裂并没有必然的联系,因为,就个体而言,婚外性行为总体而言远远比不上婚内性行为,一旦有婚外性行为,并不意味着婚内性行为的终止,相反,可能会促进、改善婚内性行为。同时,维持家庭稳定的力量不仅仅只有性行为,还有占有欲、嫉妒心、情爱、责任心与义务感等。

但是,某一个体一旦婚内性行为终止,只有婚外性行为,维持家庭稳定的一支最重要的力量就失去了,这个家庭就会破裂,或者名存实亡。因此,弄清婚外性行为发生的原因就十分重要了。

西方国家在这个问题上存在两种理论:一是"公平理论",二是"心理厌倦"理论。

根据"公平理论",当人们发现自己的支出与收入不均等时则产生使之平衡的需要。同理,当人们发现自己婚姻关系中的不平等时,则试图:①通过某种行为上的改变来恢复平衡(如受损害的一方改为较少付出);②恢复心理平衡;③解除关系。但是,解除关系是少数。在婚姻关系中受损的一方容易卷入婚外性行为,以此作为求得平衡的手段。[③] 如果双方都使用这种手段求得平衡,那就有可能进入"性报复循环",使婚外性行为经常化。

根据"心理厌倦"理论,男女双方对长时间单调的重复的刺激失去了兴趣与激情,"喜新厌旧"不仅是男人的本性,也是女人的本性。

当然,也有些婚外性行为属于功利性行为,我们可以称之为"功利理论"。这在古今中外都有,它的实质就是以性换取某实际利益。

在这里,笔者想提供另外一种解释:个体之间性欲强度、性技巧的差异性及个

---

① 参见李银河《性·婚姻——东方与西方》,陕西师范大学出版社1999年版,第173页。
② 参见李银河《性·婚姻——东方与西方》,陕西师范大学出版社1999年版,第173页。
③ 参见李银河《性·婚姻——东方与西方》,陕西师范大学出版社1999年版,第174页。

体性欲强度的不稳定性是导致婚外性行为最重要的一些原因。如果两个性欲强度不相匹配的人结合在一起，婚外性行为肯定要发生。一个人的性欲强度不可能一直不变，这也为婚外性行为的发生提供了机会。认识这一点对维持家庭的稳定具有积极意义。我们可以对偶然的或偶尔的婚外性行为采取超然或容忍的态度，虽然要做到这一点并不容易。

当然，总体而言，性欲极强与性欲极低的人都是少数，我们绝大多数人的性欲强度属于中等，而且具有相对的稳定性，同时，性欲强度存在可塑性，特别是中等的性欲强度。在塑造性欲强度方面，占有欲、嫉妒心、情爱、责任心与义务感起了至关重要的作用，当然，外在的道德伦理、法律政策也起了一定的作用。性知识与性技巧对调整性欲的强度也具有十分重要的作用。这就是为什么我们大多数人都有一个相对稳定的家庭的原因。

在进行性欲强度塑造的过程中，会不会造成福柯所说的性压抑？可能会，也可能不会。就"可能会"而言，夫妻双方中性欲较强的一方可能不得不迁就较弱的一方，这就意味着一方不得不付出代价；就"可能不会"而言，夫妻双方中性欲较弱的一方由于义务与责任感的驱使，再加上性技巧的运用与改进，其性欲强度得到提高，并基本上能与较强的一方相匹配。

二、嫉妒心、义务感与责任心

一旦两性在情爱与性爱的作用下稳固地结合在一起，其他一切与性爱、情爱相关的行为及关系就建立起来了。雌性在体魄上作为弱者，以及在哺乳期得到照料的期望，导致了其对雄性的归属情结，这是一种十分强大的心理情感能量。这种归属情结与占有欲、嫉妒心互相结合，形成了一股强大的有利于产生家庭的力量。雄雌双方都希望将对方据为己有，要求对对方具有排他权，这是人的本性。嫉妒心则加强了这种排他的愿望与要求。虽然性冲动、占有欲及嫉妒心也使雄雌两性具有扩展性自由的愿望，但是，这种愿望一方面要受到归属感、占有欲、嫉妒心自身的制约，另一方面也要受到其他雄雌两性相似愿望的制约。结果，个体之间逐步形成了心灵上（或心理上）的契约：互不侵犯对方的异性。这种契约逐步变成了习惯或传统。这种习惯或传统逐步演化为成文的法律制度。从这个意义来看，法律制度是某个场内各种心理情感能量互相矛盾、互相冲突、互相制约，进而达到互相平衡的结果。

关于嫉妒，奥地利哲学家赫尔穆特·舍克有十分精妙的论述。他认为，"人是一种嫉妒的生物，如果没有在被嫉妒者身上随之而产生的社会抑制，那么人类就不能发展出社会制度"，"如果没有嫉妒，就构成不了任何重要的社会结构"。[①] 在赫

---

① 赫尔穆特·舍克：《嫉妒与社会》，王祖望、张田英译，社会科学文献出版社1999年版，第1、51页。

尔穆特·舍克看来,家庭这一人类社会最基本的制度就是嫉妒的结果。对"俄狄浦斯情结"(即恋母情结,亦包括恋父情结以及母子、父女互恋情结)的禁忌是核心家庭产生和得以延续的首要条件,随着时间的推移,这种禁忌的范围逐步扩大。赫尔穆特·舍克说:"在大多数社会里,由于普遍建立起了禁止乱伦的禁忌,至少是由于消除了在较亲近群体中直接产生性刺激的环境,才使得人类社会的基本单位即家庭得以维持下来。"①

在这里我们要思考这样一个观点:原始群体的形成必须以雄性消除嫉妒为主要的前提条件,家庭是与群体不相容的。我们仔细地观察动物界,群居性的动物一般都存在相对稳定的一夫一妻制,双方不仅共同抚养自己的后代,而且还能较长时间地维持双方的感情。而那些非群居性动物,只有在发情期才寻找自己的性伴侣。性交之后,又各自分开了,双方没有情感的维系,后代也由雌性抚养。待到来年性交时,雄雌双方都不会着意寻找自己过去的性伴侣。这就足以说明嫉妒在群体形成过程中的作用。嫉妒是人所固有的。群体为嫉妒的发生提供了理想的场所。人们喜欢被人嫉妒(同时又害怕被嫉妒)和喜欢嫉妒人的天性不是瓦解群体的力量,恰恰相反,是群体强有力的黏合剂。根据赫尔穆特·舍克的"嫉妒规避"原理,正是由于嫉妒和害怕遭到嫉妒才促成了相对稳定的一夫一妻制。嫉妒和害怕遭到嫉妒是一种要求公平的强大力量,它迫使领袖和其他的人放弃多占异性的企图与行为。②

同时,家庭也并非与群体不相容。家庭是群体形态形成的基础,是群体的一部分;群体则是家庭的延伸,为家庭成员提供了更为宽广的生活空间与活动空间。从心理情感能量场的角度来看,家庭是一个心理情感能量场,群体也是一个心理情感能量场;一个群体中存在着许多家庭,家庭之间的关系实际上就是心理情感能量场之间的关系,家庭之间需要不断地进行心理情感能量的交换,而这种心理情感能量交换的前提是它们处于同一个群体之中,即同处于一个较大的心理情感能量场之中。

义务感、责任心是人性中至关重要的组成部分,也是人类至关重要的心理情感能量,在家庭的形成与稳定方面起了至关重要的作用。因为家庭的稳定与维持不仅需要性爱与情爱,同时需要负担起对对方及后代的责任与义务。在其他偶婚制的动物界里,对后代的照顾是父母双方的责任和义务。它们对后代有至深至厚的情爱。夫妻双方在情感上、心理上和行动上的目标的一致性是夫妻双方长久结合的可靠保证。一旦失去这种一致性,家庭就可能会破裂。人类比起其他动物来说更进一步。人类孕育期漫长、生长期漫长、雌性及后代需要照顾的时期漫长,而且在可生育的

---

① 赫尔穆特·舍克:《嫉妒与社会》,王祖望、张田英译,社会科学文献出版社1999年版,第40页。
② 参见赫尔穆特·舍克《嫉妒与社会》,王祖望、张田英译,社会科学文献出版社1999年版,第88页。

年龄内几乎每年都可以生育，从而使父亲和母亲双方的情感、目标和行为长期地融合在一起，为家庭的稳固提供了坚实的支撑。

有学者认为，人类的婚姻制度是由最初的杂婚发展到今天的对偶婚的。针对这个观点，笔者想提出两点看法供诸位读者参考。

第一，杂婚作为人类历史上某一时期的主流是不可能存在的。因为这一杂婚的形式与人性中的占有欲、嫉妒心相背。要求对异性权力的排他性是占有欲最重要的体现之一，人的嫉妒天性又加强了对这种权力的要求。凡是背离人性的制度是很难作为主流而存在的。如果说杂婚作为人类历史上某个时期、某个民族特定的现象或事实是完全有可能的。中外的历史文献也有不少这方面的记载，至于这方面的传说就更多了。据有关文献记载，古代的埃及、夏威夷和秘鲁的皇族都要求兄弟与姐妹结婚，目的是防止平民们亵渎了皇家血统，大权旁落。西非的聪加人允许父亲在动身去捕猎狮子以前与他的女儿举行性交仪式。中非的阿赞德人要求他们的最高首领与自己的女儿结婚。在古代埃及和伊朗，有些时期老百姓中偶尔也有兄弟与姐妹、父母与子女结婚的现象，目的是防止财富流出本族。①

但是，我们必须记住，所有这些事件或事实都是偶然的、偶尔的、非主流的，是在特定情况下发生的。

第二，假定历史上确实存在过以杂婚为主流的婚姻制度，后来这一婚姻制度消退最根本的原动力必定是人性。因为在漫长的原始社会里，人们对自然界的认识很浅薄，根本不足以推动婚姻制度发生突破性进展。也许人们对近亲繁殖的后果有了认识，但是这种认识发生作用的过程一定很漫长，人们也只是拿这种恶果用作禁止近亲繁殖的借口，对于相对稳定的家庭的形成没有什么直接的或重大的意义。因为一直到近代，我国和其他国家的一些地区，表兄妹结成夫妻的现象仍然有不少。我们没有理由说表兄妹结婚属于杂婚行为。也许人们最初是家族内通婚，后来发展到群体内通婚，再后来发展为部落内、民族内、国家内通婚，直至今天的跨国通婚。（根据人性群体性的理论，任何一个群体都具有人性的任何一个要素。群体的性冲动、性欲望使得一个群体与另一个群体发生联姻，从而排除了小群体内部进行婚配的行为。对小群体内部的成员来说，由于太过熟悉与了解，互相之间形成了性冷漠或性恐惧的心理）但就算是最早的家族内的通婚，其主流依然是一夫一妻或一夫多妻的婚姻制度，有相对稳定的性关系和相对稳定的家庭关系。近来有许多新的发现表明：灵长类动物也并非完全杂乱地性交。科学家对非洲狒狒的研究显示，它们有特殊的繁殖系统，事实上排除了乱伦的可能性。古道尔的调查报告里的猩猩也是如此。② 类人猿在正式成为人之前，可能就已经流行一夫一妻或一夫多妻的婚姻。但杂婚的现象与事实也同时存在。类人猿变成我们今天称之为"人"的动物之后，一

---

① 参见谈大正《性文化与法》，上海人民出版社 1998 年版，第 6—12 页。
② 参见谈大正《性文化与法》，上海人民出版社 1998 年版，第 13 页。

夫一妻或一夫多妻的婚姻成了主流，而杂婚正是作为非主流才被大写特写。俄狄浦斯之所以被大写特写，一方面是因为他杀父娶母，另一方面是因为他遭到众神的诅咒。① 众神之所以诅咒他，主要原因恐怕不是他杀死了父亲、夺取了王位，而是他娶了母亲作为妻子。这是一种乱伦。乱伦是违反神意的。神意就是让一个男人娶一个或多个妻子，但绝对不能乱伦。

从 E. 霍贝尔对因纽特人、北吕宋的伊富高人、北美大平原的印第安人（主要指科曼奇人、凯欧瓦人、晒延人）、特罗布里恩德群岛的美拉尼西亚人的社会的研究来看，在这些人的社会里，一夫一妻制或一夫多妻制已经成了主流，乱伦一般被视为不道德行为而遭到禁止。但是，由于婚姻制度不是很稳固，杂婚的现象与事实依然存在。这一现象与事实被 E. 霍贝尔大肆渲染。② 实际上，杂婚作为现象与事实一直存在。

一夫多妻制之所以能长期存在于某些国家与民族，除了历史与文化的因素之外，还有其人性根源。

第一，处于优势地位的男人想占有更多的女人，只要他有这个能力。这是人的本性所决定的。古希腊著作《斥尼亚拉》的结尾有段话可以对此说明，该书的结尾说："我们赡养情妇，是因为快感的需要；我们纳妾，是为了我们的日常起居得到照顾；我们娶妻，则是叫她们为我们生下合法的孩子，并忠实地维护我们的家庭。"③

第二，在生理上，女人有两个特征：①女人有长达6天或更长的月经期，这对性欲旺盛的男人来说是不可忍受的。要他们压抑自己的性冲动简直就是让他们活受罪。②一般来说，女人的性冲动在50岁之后会逐步消退，生育期在50岁前后就终结了，比起男人来要短得多。她们不能满足男人的性的需要，也不能满足男人占有更多后代的需要，这就成了男人占有更多女性的借口。为了维护家庭的稳定并不至于失去物质与精神依赖的对象，妻子便同意或默认男人将自己喜欢的女人带进家门，将其纳入家庭组织之内，以便监控。由于"先到"的女人具有时间、空间和家庭成员的优势，"后到"的女人一般来说处于劣势。至于体制之外的情妇，其地位是很难得到保障的，她面临两个选择：要么进入体制之内，成为家庭的一员；要么面临随时被抛弃的危险。

第三，情爱与责任心、义务感制约了男人离开与自己长期生活在一起的女人与子女的行为，他对他们已经有了情感、爱与心理上的依赖，他们是他人性中归属感

---

① 参见［英］韦恩·莫里森《法理学》，李桂林等译，武汉大学出版社2003年版，第22页。

② 参见［美］E. 霍贝尔《原始人的法》，严存生等译，贵州人民出版社1992年版，第62页、第64页、第75—77页、第97页、第117页、第120—123页、第127页、第155页、第163—164页、第169—170页。

③ ［法］米歇尔·福柯：《性史》，姬旭升译，青海人民出版社1999年版，第274页。

安身立命之所。

三、其他家庭心理情感能量

一旦家庭建立，它就是一个完整的生命体，伴随着上述5种心理情感能量而来，还有许多其他心理情感能量。贾谊所陈述的110种心理情感能量（参见本书第一章第一部分），在任何一个家庭心理情感能量场中都同时存在，只是在不同的情景下，其中的某一种或某一些心理情感能量取得了主导地位，其他的心理情感能量被压抑或被边缘化了。下面我们对其中主要的心理情感能量进行简要的分析。

（一）生存欲

任何一个人都具有生存的欲望，这一点，古今中外许多思想家已经做了十分丰富与深刻的论述。[①] 同样，任何一个家庭作为一个活体也都具有生存的欲望。家庭的生存欲与发展欲催生家庭生存与发展的机制。家庭诞生之后，如何延续自己的生命，并不断地发展壮大，是家庭首先要考虑的问题。为此，家庭会制定各种规则、制定各种计划、动用各种关系以获取自己生存与发展所需要的资源。家庭本性中的生存欲望源自家庭成员。家庭成员希望家庭能够生存下去，因为，家庭成员依赖家庭的生存而生存，依赖家庭的发展而发展。同时，家庭成员本性中的群体性或家庭性强化了家庭的生存欲，因为家庭成员本性中的群体性或家庭性使家庭成员在必要时会为了家庭的利益、生存与前途着想，愿意为家庭奉献出自己的能力、技术、努力，甚至一切。

与生存的欲望相对立的是死亡的欲望。[②] 如个体的人一样，任何家庭本性中有生存的欲望，也有死亡的欲望。这两种欲望是两股相互矛盾、相互制约、相互平衡的力量。当生存的欲望战胜死亡的欲望时，家庭就会生存下去；当死亡的欲望战胜生存的欲望时，家庭就会主动或被动地选择死亡，家庭就会破裂。家庭死亡的欲望也是来自家庭的成员。当家庭成员的个人利益得不到保障，当家庭成员对家庭感到绝望，当家庭错失生存与发展机会，当家庭内部矛盾重重，当家庭核心成员不负责，当家庭核心成员逐个死亡，家庭死亡的欲望就会上升，促使家庭死亡的力量就会变得强大。家庭的死亡机制可以分为3种：自然死亡机制、被动死亡机制与主动死亡机制。

（二）占有欲

在本章的第二部分已经提到，占有欲是家庭得以产生和维持的巨大的心理情感

[①] 参见唐雄山《人性组合形态论》，中山大学出版社2011年版，第11–12页。
[②] 参见唐雄山《人性组合形态论》，中山大学出版社2011年版，第12页。

能量，同时，它也是家庭得以发展、壮大的巨大的心理情感能量。

人性中的占有欲与生存欲具有同等的地位。占有欲包括占有权力、地位、财富、名望、异性等的欲望。凡是自己没有的而又迫切需要的东西，人都想占有。由于新的"东西"在不断地出现，所以，人性的占有欲便有了无限扩张的力量，有了无限扩张的地盘，有了无限扩张的理由。如果没有人性内在平衡与制约机制，没有外在的制约力量的约束，占有欲便会无限地扩张下去。①

同样，占有欲也是任何一个家庭与生俱来的属性。一个家庭想占有更多的财富、名望与权力。家庭的占有欲来自家庭的成员，并在家庭成员身上得到充分的体现。家庭成员会推动家庭采取行动，并协助家庭，通过为家庭努力工作来实现家庭的占有欲。但是，从本性上来看，家庭的占有欲可能会发展为贪婪。

与个体的人一样，家庭有占有的欲望，同时也有放弃、舍弃的欲望，相应地，个体的人与家庭内部先天地存在放弃机制。一个人或家庭会面对各种各样的占有物，但是，任何一个人或家庭都知道，有所舍才有所得。个人或家庭会放弃小的占有物，选择大的；会放弃眼前的，选择长远的，哪怕眼前的利益十分巨大，但眼前这个巨大的利益影响了长远的生存与发展。个人或家庭选择放弃的动因有：趋利、避害。

从放弃的类型来看，有利己型放弃、利他型放弃、利己－利他型放弃、绝望型放弃、宿命型放弃、自暴自弃型放弃、战略型放弃、策略型放弃。不同类型的放弃，有着不同的放弃机制。每一种放弃机制都存在于个人与家庭内部，伴随着每一种放弃机制而来的是相应的强大的心理情感能量。

（三）推卸责任的欲望

前面已经提到，责任心、义务感是个体人性至关重要的构成要素，是家庭得以产生和维持的巨大的心理情感能量，同时，它也是家庭得以发展、壮大的巨大的心理情感能量。东西方许多学者将责任心、义务感视为后天产生的，这种观点没有根据。后天只能强化人性中的责任心、义务感，而不可能消灭人性中的责任心、义务感，更不可能无中生有、毫无根据地培养出责任心、义务感来。②

承担责任与义务是家庭与生俱来的本性，推卸责任、拒绝义务也是任何一个家庭与生俱来的本性，推卸责任、拒绝义务的本性外化为具体行为也可以分为三个方面：推卸与拒绝对社会的责任与义务，推卸与拒绝对利益相关者的责任与义务，推卸与拒绝对家庭内部成员的责任与义务。家庭内部存在着推卸责任、拒绝义务的机制。只要条件许可，家庭就会启动这种机制。

对于家庭来说，推卸、拒绝责任与义务的欲望及其机制，在不同的情景下对家

---

① 参见唐雄山《人性组合形态论》，中山大学出版社2011年版，第13-20页。
② 参见唐雄山《人性组合形态论》，中山大学出版社2011年版，第23-24页。

庭的生存与发展起着不同的作用。就建设性而言，它可以防止家庭责任与义务的过度或超负荷；就破坏性而言，它可能会导致家庭的瓦解。

（四）同情怜悯心

同情心、怜悯心（恻隐之心）是人性要素中的重要组成部分之一，也是人的重要的心理情感能量。

孟子说："人皆有不忍人之心。……所以谓人皆有不忍人之心者，今人乍见孺子将入于井，皆有怵惕恻隐之心——非所以内交于孺子之父母也，非所以要誉于乡党朋友也，非恶其声而然也。由是观之，无恻隐之心，非人也；……恻隐之心，仁之端……"① 孟子在这里将恻隐之心与仁区别开来，恻隐之心是不自觉的、自然而然的；而孟子所说的仁则是恻隐之心的扩充与发展，是一种自觉的心理活动，是一种伦理道德之心。这样，根据孟子的观点，同情心、怜悯心（恻隐之心）分为两个层次：自然层次与道德层次。

休谟说："怜悯是对他人苦难的一种关切，恶意是对他人苦难的喜悦。……一切人类都因为相互类似而与我们有一种关系。因此他们的人格、他们的利益、他们的情感、他们的痛苦和快乐，必然以生动的方式刺激我们而产生一种与原始情绪相似的情绪（同情）。"② 卢梭认为，人类所具有的这种自然美德，"就是对人类美德最激烈的毁谤者也不得不承认，……我所说的怜悯，对像我们这样软弱并易于受到那么多灾难的生物来说确实是一种颇适宜的禀性；也是人类最普遍、最有益的一种美德，尤其是因为怜悯心在人类能运用任何思考以前就存在，又是那样自然"③。"在人类能运用任何思考以前就存在"，指出了怜悯心先于思考（理性）而存在，是人类最原始、最内在的本性之一。

因此，同情心、怜悯心的存在不依赖于任何后天的教育，后天的教育与培养只能使它得以正常与合理的展现与发挥。杜威在论述同情心时说："斗争性和恐惧心是人性中固有的因素。但是，怜惜心与同情心亦是如此。我们很自然地派遣护士和医生到战场去并供给医院的种种便利品，如同我们很自然地以刺刀互相冲击或放射机关枪一样。"④

在其他动物中，如狗、猴，同情心往往表现得十分动人。一只狗如果受伤或者生病了，其他的同伴会以哀鸣来表示关切和同情。

不过，其他动物的同情心、怜悯心往往只体现在同伴或同族之间。人类的同情心与怜悯心则扩展得很远。人不仅关切自己的子女、父母、亲戚、朋友、同事的不

---

① 杨伯峻：《孟子译注》，中华书局1960年版，第79－80页。
② ［英］休谟：《人性论》（下册），关文运译，商务印书馆1991年版，第406页。
③ ［法］卢梭：《论人类不平等的起源和基础》，黄小彦译，译林出版社2015年版，第99、100、101页。
④ ［美］约翰·杜威：《人的问题》，付统先等译，人民出版社1965年版，第152页。

幸，也会关切与自己毫无关系的陌生人的不幸，而且关切其他生命的不幸。这种对其他生命关切的心态就是自然保护主义最原始的动力。今天这种对其他生命的存在与发展的关切已经与对人类自身的存在与发展的关切紧密相连了。

家庭作为一个活体，其本性中具有同情心与怜悯心。当它看见或听到有不幸事件发生时，它会不由自主地、本能地产生同情与怜悯的情感，形成同情与怜悯的心理结构，这种心理结构可能会导致它采取进一步的行为：为受难者捐款，捐献必需的生活品，或者做一些有助于减缓受难者痛苦的事情。家庭本性中的同情心与怜悯心来自家庭中个体的人，是人性中同情心与怜悯心的自然延伸。

与个体的人一样，家庭既具有同情怜悯心，也有冷漠心。这两者同时存在于人与家庭本性之中。同情怜悯机制与冷漠机制同时存在于人与家庭本身。当同情怜悯心取得优势时，同情怜悯机制便被启动；当冷漠心取得优势时，冷漠机制被启动。冷漠机制的启动有着十分复杂的原因。

（五）报复心

孔子在关于"直"的论述中，揭示了人性中另一个要素：报复心（或称报复的属性）。有人问孔子："以德报怨，何如？"孔子说："何以报德？以直报怨，以德报德。"（《论语·宪问》）孔子要求人们以真实的心态来对待给自己带来伤害的人，这种真实的心态只能是"怨"，而不会是任何其他的东西，即使有其他任何情感，"怨"也会占据主导地位，否则，就不会有"以德报德"了。怨是一种报复性的情感，它是由对某种事物感到不满或因受到伤害而引起的。

报复心在人性中究竟占有什么样的地位，我们在这里不能给各位读者以明确的答复。但是，我们要特别指出的是，人性中的报复心是法律产生的重要根源之一。在文明的社会，人们可以通过成文法规来宣泄和制约报复心。在此以前人类则是通过习惯、传统和人性各要素之间的制约与平衡来达到上述目的。在其他动物中，报复心和自卫性往往融合在一起。黄蜂之所以蛰人，一方面出于自卫，另一方面出于对侵犯它们的领地、破坏它们家园行为的对象的报复。这种报复与自我保护的行为迫使人类约束自己的行为，有助于构建人与其他物类良好的关系。

报复心也是家庭的本性之一。在家庭之间的关系中，互相遵循着对等原则：你以什么方式对待我，我就会以什么方式对待你。

报复、好斗是家庭的本性，宽恕、与人为善、爱好和平也是个人与家庭的本性。任何个人或家庭都有宽恕其他个人、家庭或组织过错的本能，有与其他个人、家庭或组织和平相处的愿望。处于不断报复与斗争行为中会使家庭精力耗尽，力不从心。个体与家庭都希望有一个和谐的社会环境，在这个和谐、和睦的环境中生存与发展。

（六）好奇心

好奇心与生存欲或占有欲相结合会产生求知欲、创造欲、创新欲。好奇、求知、创造、创新是人的本性，也是组织的本性，这些本性又会派生出学习的本性。任何个人或家庭的生存与发展都需要好奇、求知、创造、创新、学习的本性为其提供强大的动力。

好奇、求知、创造、创新、学习是家庭的本性，保守、惰性也是家庭的本性。家庭本性中的保守、守旧、惰性对家庭具有双重的作用，一方面，它们会促使家庭保持相对稳定，为家庭创造相对稳定与平静的环境提供动力；另一方面，它们又是家庭本性中死亡的力量，保守、守旧、惰性一旦在家庭本性组合形态中取得长期的主导性或支配性的地位，家庭本性中的死亡欲望与死亡力量也会因此逐步取得主导性地位，家庭的死亡机制就会启动。

（七）自体性（自我性）、群体性与类性

任何个人与家庭都具有自体性（自我性）。个人或家庭的自体性（自我性）是指，人或家庭本能地为自己的利益着想，关注自己各个方面的得与失。这是个人与家庭的生存欲、占有欲、趋利避害的本性所决定的。没有自体性（自我性）的个人与家庭不可能存在，更不可能发展。

个人与家庭具有自体性（自我性），同样也具有群体性与类性。

个人与家庭的群体性是指，任何一个人或家庭都有一个或多个赖以生存与发展的"群"或"族"，即群体。个人或家庭对这个或这些群体具有归属感、依赖心，并本能地为自己所属的群体着想，愿意为自己所属的群体做出自己的贡献。个人与家庭本性中的群体性具有多层次性与多元性。

一个人或家庭所属的群体，实际上是一群与个人或家庭利益相关者。个人或家庭会根据利益关系及密切的程度将众多的利益相关者由近到远分成不同的层次。任何一个人或家庭与其利益相关者都存在着互相平等、互相依赖、互相矛盾、互相制约与平衡的复杂关系。

一个人或家庭的利益相关者群体是不断变化的，也就是说，一个人或家庭的群体性是不变的、永恒的，但是，群体性具体化对象是可变的。例如，一个家庭由一个地方迁移到另一个地方，或者由一个国家迁移到另一个国家，其群体性具体化的对象就会发生变化。否则，这个家庭就无法生存。一个人或家庭（包括国家）最怕的事情之一就是自己本性中的群体性没有安身立命之所。

个人与家庭的类性是指，任何一个人或家庭本能地将自己视为人类的一部分，关心人类的利益、人类的存在与发展；当人类遇到重大的灾难时，愿意为人类做出自己的贡献。个人与家庭的类性是对群体性的超越。

一般而言，个人与家庭本性中的自体性（自我性）会在其本性组合形态中处于主导性地位，但是，这种主导性地位是受到制约的主导性地位，即受到群体性与类性的制约。而且，群体性与类性会随时走向前台，取代自体性的主导性地位。

一般来说，一个人或家庭的实力、能力越强，其本性中的群体性与类性的地位就越突出。一方面，当一个人或家庭变得强大时，他（它）会不自主地提升群体性与类性在其本性组合形态中地位；另一方面，当一个人或家庭（包括国家）变得强大时，其他的利益相关者与社会上所有的人会对他（它）产生依赖感，希望其为群体或人类承担责任与义务，因为他（它）占有了群体或人类更多的资源与权力。

（八）理性

理性是指个人或家庭趋利避害、算计的本性，它是人性的构成要素之一。个人与家庭的这种本性会产生相应的行为。中文中的"理"字，可作名词，亦可作动词。作名词，是指玉石本身所固有的纹理，泛指万事万物的纹理，即万事万物的内在结构与规律；作动词，是指按照事物内在结构与规律办事。理性是指按事物内在结构与规律行为的方式方法。英文中的理性是 reasoning 或 rationality，即推理或思维的合理性（行为的合理性）。不管是中文中的理性还是英文中的理性，两者共同的特征就是遵循事物的自然特性进行思考、行为，即所谓的算计。趋利避害、算计是个人与家庭的自然而然的行为方式，这种行为方式源于个人与家庭趋利避害、算计的本性。

不仅人类具有理性，其他动物同样也具有理性。古希腊的斯多葛派就认为，理性遍及所有的自然之物，主宰和统治着它们的恰当运作。[①] 这里所谓的"自然之物"，不仅指有生命的，同时也指无生命的。因此，斯多葛派认为，理性除了有推理或思维的合理性之外，还有法则、规律之意。在这个意义上，理性与中国道家的"道"有某种类似，也与宋明理学中的"理"相通。

现代动物科学与实验科学已经充分证明了这一点。现代生物科学甚至证明，植物也具有理性（趋利避害、算计的本性），而且还有了思维的能力。就本性而言，人与其他动物或植物是没有区别的，就思维与判断能力而言，人与其他生物的区别是：人的思维能力更发达、更完善、更复杂，而其他生物的思维能力是低级的、原始的。但是，我们没有任何理由说其他生物没有思维。因为趋利避害本身就是一个思维与算计的过程，这是所有有生命之物的本能。

理性，即趋利避害、算计，只是人性与家庭本性诸多要素之一，从人性或家庭本性要素这个系统来看，它与其他要素是平等的。理性可以对人性的其他要素产生制约与平衡的作用。但是，理性要对付的"敌人"太多了，它要对付生存欲，要对付占有欲，要对付责任心与义务感，要对付爱、同情心、怜悯心，要对付性的欲望、爱美之心、好奇心、报复心，等等。理性要在所有这些要素之间进行协调。理性有那么多么的事情要做，以至于它"太累"了。有时，理性"太懒"了；有时，理性"太无能"了；有时，理性"瞎了眼"了。因此，理性在调节人与组织行为过程中的作用是非常有限的。

---

① 参见[英]韦恩·莫里森《法理学》，李桂林等译，武汉大学出版社2003年版，第64页。

理性最大的敌人是感性。感性包括爱、恨、情、仇、喜、怒、哀、忧、悲、愁、恐、苦、怜、贪，等等。被这么多的"敌人"包围，理性显得十分无力与无助。①

休谟在论述人的理性，即人性中的趋利避害、算计的本性的有限的作用时说："我们之所以求知，无非是因为希望享受。既没有欲望也没有恐惧的人而肯费心去推理，那是不可思议的。"休谟又指出，"理性单独决不能成为任何意志活动的动机"，"理性在指导意志方面并不能反对情感"。休谟甚至认为："理性是、并且也应该是情感的奴隶，除了服务和服从情感之外，再不能有任何其他的职务……"②事实确实如此，我们绝大多数行为并不受理性——即趋利避害、算计的本性——的支配，更不受后天得到的思维能力与思维方式的支配，因为，理性（趋利避害、算计的本性）只是人性众多要素中的一个。在支配人的行为上，理性常常处于下风。

在家庭这样一个特殊的心理情感能量场中，理性的作用更加有限，情爱、性爱、责任心、义务感、嫉妒心等在这个心理情感能量场正常运行的过程中起着主导性作用。

---

① 参见唐雄山《人性平衡论》，中山大学出版社2007年版，第114－119页。
② ［英］休谟：《人性论》（上下册），关文运等译，商务印书馆1991年版，第453页。

第三章 家庭心理情感能量场的类型

关于家庭心理情感能量场的定义、内涵与特征，我们在导论中已经进行了陈述。在本章，我们重点陈述并分析家庭心理情感能量场的类型。

世界上有多少家庭就有多少个家庭心理情感能量场，因此，我们必须对家庭心理情感能量场进行类型化。对家庭心理情感能量场进行类型化的维度有许多。一个家庭形成某种类型的影响因素也比较复杂。在一个家庭的生命周期里，其心理情感能量场会呈现出多样性，也就是其家庭心理情感能量场的类型具有可变性，但是，需要特别指出的是，一个家庭主导性心理情感能量场类型具有相对的稳定性。

一、家庭心理情感能量场的类型化

根据以往研究的基础和所搜集的资料，本书从以下两个维度对家庭心理情感能量场进行分类。

（一）从家庭心理情感能量场运行状态的维度分类

从家庭心理情感能量场运行状态的维度来看，可以将众多的家庭心理情感能量场分为普通家庭心理情感能量场、模范家庭心理情感能量场、问题家庭心理情感能量场。

家风是衡量一个家庭心理情感能量场运行状态的重要指标。所谓家风，就是一个家庭整体精神风貌和气质的体现，不同的家庭其家风都具有鲜明的特征。有学者说："家风亦称'门风'，是以中国传统理论思想为指导，尤其受以孔子为代表的儒家学说影响较深。"[1] 从心理情感能量场角度来看，家风是家庭心理情感能量场类型的外在表现。也就是说，不同的家风对应着不同类型的家庭心理情感能量场。表 3-1 是本课题组对广东佛山 646 个家庭家风调查的统计结果。

---

[1] 焦科慧：《家风、家训和家规的内涵探析》，载《新西部（理论版）》2016 年第 7 期，第 16 页。

表 3-1 根据您的感受，您认为您的家风是什么（多选题）

选项	小计（个）	比例（%）
A. 诚信	472	73.07
B. 节俭	471	72.91
C. 孝慈	517	80.03
D. 乐于助人、关爱他人、尊重他人	440	68.11
E. 自立、自强、自尊、积极上进	417	64.55
F. 具有自保意识与行为	246	38.08
G. 欺诈	8	1.24
H. 大方	179	27.71
I. 小气	19	2.94
J. 关心集体	131	20.28
K. 只关心自己的利益	2	0.31
L. 遵守纪律、制度、法律	285	44.12
M. 机会主义	5	0.77
N. 冷漠、霸道、刻薄	4	0.62
O. 其他	4	0.62
本题有效填写家庭数	646	—

从对表 3-1 的分析来看，我们可以得出以下几点结论：第一，诚信，节俭，孝慈，乐于助人、关爱他人、尊重他人，自立、自强、自尊、积极上进，具有自保意识与行为，欺诈，大方，小气，关心集体，只关心自己的利益，遵守纪律、制度、法律，机会主义，冷漠、霸道、刻薄，等等，是行为模式与生活态度，但归根到底是心理情感能量，因为个体或群体（包括家庭、组织与国家）的任何行为都是以心理情感能量为基础，并由心理情感能量所推动。第二，心理情感能量具有多样性，不同的心理情感能量产生不同的行为模式与生活态度。第三，表 3-1 调查统计的结果反映了中国人的人性组合形态、行为模式、生活态度的真实情况。第四，表 3-1 调查统计的结果反映了中国家庭心理情感能量场真实的运行状况。

这一结果，与中国的家庭教育密切相关。从内容与本质来说，家庭教育就是教育子女如何做人，如何待人接物，如何应对这个复杂的社会。表 3-2 是本课题组关于家庭教育调查的统计结果。

表 3-2 您家庭教育的主要内容是什么（多选题）

选项	小计（个）	比例（%）
A. 诚信	505	78.17
B. 节俭	470	72.76
C. 孝敬	544	84.21
D. 乐于助人、关爱他人、尊重他人	456	70.59
E. 自立、自强、自尊、积极上进	457	70.74
F. 学会保护自己	341	52.79
G. 欺诈	14	2.17
H. 大方	211	32.66
I. 以德报怨	76	11.76
J. 关心集体	166	25.70
K. 以怨报怨、以牙还牙	9	1.39
L. 遵守纪律、制度、法律	305	47.21
M. 能占便宜就占便宜、能钻空子就钻空子、能推卸责任就推卸责任	10	1.55
N. 做好自己的事、少管他人的事	88	13.62
O. 其他	7	1.08
本题有效填写家庭数	646	—

从对表 3-2 的分析来看，我们可以得出以下几点结论：第一，家庭教育在本质上就是向子女输入心理情感能量、塑造子女的心理结构。第二，从表 3-2 调查统计的结果来看，绝大部分家庭向子女输入的是建设性的正能量，基本上可以肯定，绝大多数被调查家庭的心理情感能量场充满了诚信，节俭，孝敬，乐于助人、关爱他人、尊重他人，自立、自强、自尊、积极上进，学会保护自己，大方，以德报怨，关心集体，遵守纪律、制度、法律等心理情感能量，这是一个社会得以正常运行的基石。如果这一基石出现松动，整个社会就无法正常运行。第三，从表 3-2 调查统计的结果来看，由于各种原因（需要进一步调查研究），有极少数家庭向子女输入欺诈，以怨报怨、以牙还牙，能占便宜就占便宜、能钻空子就钻空子、能推卸责任就推卸责任等心理情感能量，基本可以肯定，这些家庭的心理情感能量场也是由这些心理情感能量所主导。需要指出的是，在人类历史上的任何一个社会都存在这样一些家庭，这是警察、法律、制度存在的理由。

在课题组调查的 646 个家庭中，有 476 个是普通家庭，117 个是模式家庭，53 个是问题家庭，表 3-3、表 3-4、表 3-5 是三类家庭家风调查的统计结果。

表3-3 根据您（普通家庭）的感受，您认为您的家风是什么（多选题）

选项	小计（个）	比例（%）
A. 诚信	345	72.48
B. 节俭	353	74.16
C. 孝慈	380	79.83
D. 乐于助人、关爱他人、尊重他人	323	67.86
E. 自立、自强、自尊、积极上进	305	64.08
F. 具有自保意识与行为	191	40.13
G. 欺诈	5	1.05
H. 大方	127	26.68
I. 小气	10	2.10
J. 关心集体	93	19.54
K. 只关心自己的利益	1	0.21
L. 遵守纪律、制度、法律	212	44.54
M. 机会主义	2	0.42
N. 冷漠、霸道、刻薄	3	0.63
O. 其他	1	0.21
本题有效填写家庭数	476	—

表3-4 根据您（模范家庭）的感受，您认为您的家风是什么（多选题）

选项	小计（个）	比例（%）
A. 诚信	86	73.50
B. 节俭	81	69.23
C. 孝慈	100	85.47
D. 乐于助人、关爱他人、尊重他人	84	71.79
E. 自立、自强、自尊、积极上进	79	67.52
F. 具有自保意识与行为	38	32.48
G. 欺诈	2	1.71
H. 大方	35	29.91
I. 小气	8	6.84
J. 关心集体	31	26.50
K. 只关心自己的利益	0	0
L. 遵守纪律、制度、法律	54	46.15

续表 3-4

选项	小计（个）	比例（%）
M. 机会主义	1	0.85
N. 冷漠、霸道、刻薄	0	0
O. 其他	3	2.56
本题有效填写家庭数	117	—

表 3-5　根据您（问题家庭）的感受，您认为您的家风是什么（多选题）

选项	小计（个）	比例（%）
A. 诚信	41	77.36
B. 节俭	37	69.81
C. 孝慈	37	69.81
D. 乐于助人、关爱他人、尊重他人	33	62.26
E. 自立、自强、自尊、积极上进	33	62.26
F. 具有自保意识与行为	17	32.08
G. 欺诈	1	1.89
H. 大方	17	32.08
I. 小气	1	1.89
J. 关心集体	7	13.21
K. 只关心自己的利益	1	1.89
L. 遵守纪律、制度、法律	19	35.85
M. 机会主义	2	3.77
N. 冷漠、霸道、刻薄	1	1.89
O. 其他	0	0
本题有效填写家庭数	53	—

从对表 3-3、表 3-4、表 3-5 的对比分析来看，我们可以得出以下几点结论：第一，不同类型的家庭，其心理情感能量场存在差异，并表现不同的特征。第二，根据表 3-3 与表 3-4 的对比分析，模范家庭建设性、积极的心理情感能量总体上要高于普通家庭，而破坏性、消极的心理情感能量总体上要低于普通家庭。第三，根据表 3-3 与表 3-5 的对比分析，普通家庭建设性、积极的心理情感能量总体上要高于问题家庭，而破坏性、消极的心理情感能量总体上要低于问题家庭。

造成这种差异的重要原因之一便是家庭教育。表 3-6、表 3-7、表 3-8 是三类家庭的家庭教育内容调查的统计结果。

表3-6　普通家庭的家庭教育内容

选项	小计（个）	比例（%）
A. 诚信	371	77.94
B. 节俭	352	73.95
C. 孝敬	404	84.87
D. 乐于助人、关爱他人、尊重他人	343	72.06
E. 自立、自强、自尊、积极上进	337	70.80
F. 学会保护自己	264	55.46
G. 欺诈	5	1.05
H. 大方	157	32.98
I. 以德报怨	48	10.08
J. 关心集体	118	24.79
K. 以怨报怨、以牙还牙	4	0.84
L. 遵守纪律、制度、法律	231	48.53
M. 能占便宜就占便宜、能钻空子就钻空子、能推卸责任就推卸责任	5	1.05
N. 做好自己的事、少管他人的事	70	14.71
O. 其他	5	1.05
本题有效填写家庭数	476	—

表3-7　模范家庭的家庭教育内容

选项	小计（个）	比例（%）
A. 诚信	92	78.63
B. 节俭	82	70.09
C. 孝敬	101	86.32
D. 乐于助人、关爱他人、尊重他人	85	72.65
E. 自立、自强、自尊、积极上进	89	76.07
F. 学会保护自己	59	50.43
G. 欺诈	7	5.98
H. 大方	39	33.33
I. 以德报怨	22	18.80
J. 关心集体	36	30.77
K. 以怨报怨、以牙还牙	4	3.42

续表 3-7

选项	小计（个）	比例（%）
L. 遵守纪律、制度、法律	57	48.72
M. 能占便宜就占便宜、能钻空子就钻空子、能推卸责任就推卸责任	4	3.42
N. 做好自己的事、少管他人的事	10	8.55
O. 其他	2	1.71
本题有效填写家庭数	117	—

表 3-8 问题家庭的家庭教育内容

选项	小计（个）	比例（%）
A. 诚信	42	79.25
B. 节俭	36	67.92
C. 孝敬	39	73.58
D. 乐于助人、关爱他人、尊重他人	28	52.83
E. 自立、自强、自尊、积极上进	31	58.49
F. 学会保护自己	18	33.96
G. 欺诈	2	3.77
H. 大方	15	28.30
I. 以德报怨	6	11.32
J. 关心集体	12	22.64
K. 以怨报怨、以牙还牙	1	1.89
L. 遵守纪律、制度、法律	17	32.08
M. 能占便宜就占便宜、能钻空子就钻空子、能推卸责任就推卸责任	1	1.89
N. 做好自己的事、少管他人的事	8	15.09
O. 其他	0	0
本题有效填写家庭数	53	—

从对表 3-6、表 3-7、表 3-8 的对比分析，我们可以看出，在向子女输入建设性、积极的心理情感能量方面，普通家庭与模范家庭区别不大，但问题家庭与普通家庭、模范家庭相比，则有明显的差距。例如，在孝敬方面，普通家庭中有 84.87% 向子女输入这种心理情感能量，模范家庭为 86.32%，而问题家庭为 73.58%。又例如，在乐于助人、关爱他人、尊重他人方面，普通家庭与模范家庭

中均有72%以上向子女输入这种心理情感能量,而问题家庭为52.83%。除此之外,在自立、自强、自尊、积极上进与遵守纪律、制度、法律两个方面,问题家庭与普通家庭、模范家庭也存在较大的差距。

这里有一个问题需要特别说明,从对表3-6、表3-7的对比分析,我们可以看出,在向子女输入建设性、积极的心理情感能量方面,普通家庭与模范家庭区别不大;但是,根据表3-3与表3-4的对比分析,模范家庭建设性、积极的心理情感能量总体上要高于普通家庭,而破坏性、消极的心理情感能量总体上要低于普通家庭。这其中的原因值得深入研究。根据课题组成员的讨论,原因可能有以下几点:第一,父母教育的方式与方法存在差异;第二,父母个人的性格与魅力存在差异;第三,家庭历史传统存在差异;第四,家庭的结构存在差异。

(二) 从心理情感能量组合形态的维度分类

在本书的第二章,我们充分论述了家庭心理情感能量的多元性,在不同的情景下,多元的心理情感能量会呈现不同的组合形态。从理论上来说,心理情感能量的组合形态具有无限的多样性。但是,为了便于观察与研究,我们必须将无限多样的心理情感能量的组合形态类型化。根据研究与总结,家庭心理情感能量的组合形态可以归为八个类型:喜乐型、悲怜型、恐慌型、嫉妒愤恨型、积极上进型、悲观失望型、保守懒惰型、混合型。与此相对应的便是八种类型的家庭心理情感能量场。下面,我们根据调查数据主要对前五种家庭心理情感能量场类型进行简单的论述与分析。

1. 喜乐型

当喜、乐类心理情感能量在家庭中取得主导或支配性地位时,家庭心理情感能量场便可以归类为喜乐型。在这种心理情感能量场中,悲伤、仇恨、恐慌、嫉妒等心理情感能量都被边缘化。喜庆、快乐、幸福等是家庭心理情感能量场的主角。

生、得、富、达、聚、和、娶、嫁、成等事件是喜乐型家庭心理情感能量场产生的原因,也是维持喜乐型家庭心理情感能量场运行的动力。生、得、富、达、聚、和、娶、嫁、成等事件一般不会同时发生,但有可能连续发生。家庭外部喜乐型事件也是维持喜乐型家庭心理情感能量场运行的重要力量。

根据课题组对646个家庭的调查,有207个家庭认为自己家庭的心理情感能量场在总体上属于喜乐型,占总数的32.04%;在476个普通家庭中,有153个家庭认为自己家庭的心理情感能量场在总体上属于喜乐型,占总数的32.14%;在117个模范家庭中,有36个家庭认为自己家庭的心理情感能量场在总体上属于喜乐型,占总数的30.77%;在53个问题家庭中,有18个家庭认为自己家庭的心理情感能量场在总体上属于喜乐型,占总数的33.96%。

2. 悲怜型

当悲伤、怜悯类心理情感能量在家庭中取得主导或支配性地位时，家庭心理情感能量场便可以归类为悲怜型。在这种心理情感能量场中，喜庆、快乐、幸福等心理情感能量都被边缘化。悲伤、怜悯等是家庭心理情感能量场的主角。

老、病、死、失、贫、离、散等事件是悲怜型家庭心理情感能量场产生的原因，也是其维持的动力。家庭外部悲怜型事件，根据不同的情况，会对家庭产生不同的影响。

根据课题组对646个家庭的调查，有46个家庭认为自己家庭的心理情感能量场在总体上属于悲怜型，占总数的7.12%；在476个普通家庭中，有37个家庭认为自己家庭的心理情感能量场在总体上属于悲怜型，占总数的7.77%；在117个模范家庭中，有7个家庭认为自己家庭的心理情感能量场在总体上属于悲怜型，占总数的5.98%；在53个问题家庭中，有2个家庭认为自己家庭的心理情感能量场在总体上属于悲怜型，占总数的3.77%。

3. 恐慌型

当恐慌类心理情感能量在家庭中取得主导或支配性地位时，家庭心理情感能量场便可以归类为恐慌型。

急、危、灾、祸、失、败等事件是恐慌型家庭心理情感能量场产生的原因。家庭外部恐慌型事件，依据恐慌程度差异，会对家庭心理情感能量场产生不同的影响。

根据课题组对646个家庭的调查，有13个家庭认为自己家庭的心理情感能量场在总体上属于恐慌型，占总数的2.01%；在476个普通家庭中，有7个家庭认为自己家庭的心理情感能量场在总体上属于恐慌型，占总数的1.47%；在117个模范家庭中，有6个家庭认为自己家庭的心理情感能量场在总体上属于恐慌型，占总数的5.13%；在53个问题家庭中，没有一个家庭认为自己家庭的心理情感能量场在总体上属于恐慌型。

4. 嫉妒愤恨型

当嫉妒、愤恨类心理情感能量在家庭中取得主导或支配性地位时，家庭心理情感能量场便可以归类为嫉妒愤恨型。

争、骂、咒、讼、斗、打等事件是嫉妒愤恨型家庭心理情感能量场产生的原因。家庭外部类似的事件，依据性质与程度的不同，会对家庭心理情感能量场产生不同的影响。

根据课题组对646个家庭的调查，只有1个家庭认为自己家庭的心理情感能量场在总体上属于嫉妒愤恨型，占总数的0.15%。这一个家庭出现在被调查的476个普通家庭中。

5. 积极上进型

当生存欲、占有欲、好奇心、探索欲、进取心、发展欲等心理情感能量在家庭中取得主导或支配性地位时，家庭心理情感能量场便可以归类为积极上进型。积极上进类的心理情感能量来自家庭成员。家庭外部积极性事件与建设性制度对积极上进型家庭心理情感能量场的形成与维护具有十分重要的作用。

根据课题组对 646 个家庭的调查，有 171 个家庭认为自己家庭的心理情感能量场在总体上属于积极上进型，占总数的 26.47%；在 476 个普通家庭中，有 119 个家庭认为自己家庭的心理情感能量场在总体上属于积极上进型，占总数的 25%；在 117 个模范家庭中，有 37 个家庭认为自己家庭的心理情感能量场在总体上属于积极上进型，占总数的 31.62%；在 53 个问题家庭中，有 15 个家庭认为自己家庭的心理情感能量场在总体上属于积极上进型，占总数的 28.3%。

另外，3 种类型家庭心理情感能量场的调查结果如下：

在全部 646 个家庭中，有 27 个家庭认为自己家庭的心理情感能量场在总体上属于保守懒惰型，占总数的 4.18%；在 476 个普通家庭中，有 20 个家庭认为自己家庭的心理情感能量场在总体上属于保守懒惰型，占总数的 4.2%；在 117 个模范家庭中，有 4 个家庭认为自己家庭的心理情感能量场在总体上属于保守懒惰型，占总数的 3.42%；在 53 个问题家庭中，有 3 个家庭认为自己家庭的心理情感能量场在总体上属于保守懒惰型，占总数的 5.66%。

在全部 646 个家庭中，有 6 个家庭认为自己家庭的心理情感能量场在总体上属于悲观失望型，占总数的 0.93%；在 476 个普通家庭中，有 3 个家庭认为自己家庭的心理情感能量场在总体上属于悲观失望型，占总数的 0.63%；在 117 个模范家庭中，没有一个家庭认为自己家庭的心理情感能量场在总体上属于悲观失望型；在 53 个问题家庭中，有 3 个家庭认为自己家庭的心理情感能量场在总体上属于悲观失望型，占总数的 5.66%。

在全部 646 个家庭中，有 175 个家庭认为自己家庭的心理情感能量场在总体上属于混合型，占总数的 27.09%；在 476 个普通家庭中，有 136 个家庭认为自己家庭的心理情感能量场在总体上属于混合型，占总数的 28.57%；在 117 个模范家庭中，有 27 个家庭认为自己家庭的心理情感能量场在总体上属于混合型，占总数的 23.08%；在 53 个问题家庭中，有 12 个家庭认为自己家庭的心理情感能量场在总体上属于混合型，占总数的 22.64%。

根据上述分析，我们可以得出以下结论：第一，在所有被调查的家庭中，喜乐型与积极上进型家庭心理情感能量场占主导地位，两者共占 58.51%，再加上混合型家庭心理情感能量场，三者共占 85.60%。第二，社会是一个生态系统，其中存在多种类型的家庭心理情感能量场，这是生态性的重要特征。第三，悲怜型、恐慌型、嫉妒愤恨型、悲观失望型、保守懒惰型家庭心理情感能量场虽然是少数，但必须引起全社会与相关部门、机构的高度重视,需要深入调查与分析,帮助这些家庭摆脱困境,否则,根据家庭心理情感能量外溢原理,整个社会将受到影响,这些消极的、破坏性的心理情感能量在任何时候都可能会外化为消极的、破坏性的行为。

二、家庭主导性心理情感能量场类型形成的因素

从理论与现实的角度来看,任何一个家庭都会经历无限多个心理情感能量场,也就是说,一个家庭会由无限多个心理情感能量场主导,这无限多个心理情感能量场可以从心理情感能量组合形态的维度分为八种类型:喜乐型、悲怜型、恐慌型、嫉妒愤恨型、积极上进型、悲观失望型、保守懒惰型、混合型;也可从心理情感能量场运行状态的维度分为普通家庭、模范家庭、问题家庭三个类型心理情感能量场。

但是,在这些家庭心理情感能量场的类型中,有一个类型会在总体和总趋势上主宰着家庭的运行,其他类型的心理情感能量场则是偶尔出现并暂时主导家庭的运行。

一般而言,家庭主导性心理情感能量场类型的形成是由家庭内部因素所决定的,这些因素主要包括家庭成员、家庭历史传统。当然,家庭的经济与政治及社会地位、家庭内部分工及家庭结构也是重要的因素,但由于篇幅的限制和相关资料不足,这些暂不做分析与论述。

(一)家庭成员

家庭心理情感能量主要来自家庭成员,因此,家庭成员是家庭心理情感能量场类型的决定性因素。本课题组在调查中发现,所有的家庭成员都会对家庭心理情感能量场产生影响,具体调查的统计结果见表3-9、表3-10、表3-11、表3-12。

表3-9 家庭成员对家庭心理情感能量场的影响程度

选项	小计(个)	比例(%)
A. 父亲	468	72.45
B. 母亲	525	81.27
C. 兄弟姐妹	417	64.55
D. 爷爷	121	18.73
E. 奶奶	170	26.32
F. 孙子(孙女)	111	17.18
G. 未做选择	4	0.62
本题有效填写家庭数	646	—

表3-10　家庭成员对家庭心理情感能量场的影响程度（普通家庭）

选项	小计（个）	比例（%）
A. 父亲	347	72.90
B. 母亲	389	81.72
C. 兄弟姐妹	298	62.61
D. 爷爷	91	19.12
E. 奶奶	132	27.73
F. 孙子（孙女）	76	15.97
G. 未做选择	4	0.84
本题有效填写家庭数	476	—

表3-11　家庭成员对家庭心理情感能量场的影响程度（模范家庭）

选项	小计（个）	比例（%）
A. 父亲	80	68.38
B. 母亲	94	80.34
C. 兄弟姐妹	85	72.65
D. 爷爷	19	16.24
E. 奶奶	25	21.37
F. 孙子（孙女）	28	23.93
本题有效填写家庭数	117	—

表3-12　家庭成员对家庭心理情感能量场的影响程度（问题家庭）

选项	小计（个）	比例（%）
A. 父亲	41	77.36
B. 母亲	42	79.25
C. 兄弟姐妹	34	64.15
D. 爷爷	11	20.75
E. 奶奶	13	24.53
F. 孙子（孙女）	7	13.21
本题有效填写家庭数	53	—

从对表3-9、表3-10、表3-11、表3-12的分析，我们可以得出以下信息：

第一，所有家庭成员都会对家庭心理情感能量场产生影响，只是影响程度不同而已。

第二，无论是普通家庭还是模范家庭或是问题家庭，女性的影响力都大于男性的影响力，例如，母亲的影响力大于父亲，奶奶的影响力大于爷爷。之所以出现这种情况，是因为女性强于心理情感，而男性强于理性思维。总体而言，家庭的行为由心理情感主导，而非由理性思维主导。

第三，从表3-9、表3-10、表3-11、表3-12的统计数据来看，孙子（孙女）对家庭心理情感能量场也产生一定的影响，即使是婴幼儿也是如此。从理论与实践的角度来看，婴幼儿具有强大的心理情感能量。这一点我们在导论的第七部分已经进行了说明。

第四，老人在家庭心理情感能量场的运行过程中扮演着十分重要的角色，在这里需要特别指出的是，处于生命后期的老人对家庭心理情感能量场的影响具有特殊意义。

虽然所有的家庭成员都对家庭心理情感能量场的运行状态具有影响力，但是，每一个家庭都有一位主导者。从对646个家庭的调查来看，有273个家庭的心理情感能量场由父亲主导，占42.26%；有263个家庭的心理情感能量场由母亲主导，占40.71%。在476个普通家庭中，有197个家庭的心理情感能量场由父亲主导，占41.39%；有207个家庭的心理情感能量场由母亲主导，占43.49%。在117个模范家庭中，有48个家庭的心理情感能量场由父亲主导，占41.03%；有42个家庭的心理情感能量场由母亲主导，占35.90%。在53个问题家庭中，有28个家庭的心理情感能量场由父亲主导，占52.83%；有14个家庭的心理情感能量场由母亲主导，占26.42%。在所有类型的家庭中，都存在其他家庭成员主导心理情感能量场的现象。这一数据与表3-9、表3-10、表3-11、表3-12的调查统计结果存在冲突，课题组暂时没有找到合理的解释。

某个家庭成员之所以能主导家庭心理情感能量场，其原因比较复杂，具体调查统计结果见表3-13。

表3-13 家庭成员主导家庭心理情感能量场的原因

选项	小计（个）	比例（%）
A. 价值观	286	44.27
B. 性格	411	63.62
C. 地位	228	35.29
D. 受教育的水平与内容	154	23.84
E. 能力与经历	235	36.38
F. 思维模式与行为模式	285	44.12
G. 其他	6	0.93
H. 未做选择	1	0.15
本题有效填写家庭数	646	—

从表 3-13 的统计数据来看，某个家庭成员之所以能主导家庭心理情感能量场，是因为他（她）的价值观、性格、地位、受教育的水平与内容、能力与经历、思维模式与行为模式，其中性格的影响力排在第一位，性格的影响力所占比例在普通家庭为 64.08%，在模范家庭为 64.96%，在问题家庭为 56.6%。

为了进一步分析论述家庭成员对家庭心理情感能量场的影响，我们引入两个案例：

案例 3-1 阿连的家庭心理情感能量场

（张槎街道妇联 2018 年家庭教育服务项目专家咨询来访案例）

阿连一见到我，就点头微笑示意致谢，表示老师辛苦了。我说明保密原则以后，阿连马上开始诉说其 23 岁儿子的种种异象。

第一，自从 2017 年 9 月从其舅舅经营的酒楼主动离职以后，儿子就"不下楼，不工作，不交流，不找女朋友"，一个人在房间里与苹果手机为伴（家中没有网络）。一天只吃一顿晚饭，很瘦，身体不强壮，但晚饭能吃，"吃了一大碗"，阿连用手比画着。

第二，儿子脾气暴躁，母子交流不畅，话没说几句就"火星撞地球"。儿子不愿意接受批评的话语，经常说"活着没有意思"！还买了毒鼠强和蟑螂药放在抽屉里，与舅舅通过微信聊天时，多次表达了"想死"的意愿（阿连出示手机截图给我看）。有一次母子争吵时，儿子直接抓取蟑螂药倒进嘴巴里，母亲夺下。

第三，母亲找过居委会帮助，但是儿子排斥，帮助的效果不明显。舅舅曾经就阿连儿子的这些情况，咨询过相关的医生，医生说其有"焦虑症"。

知子莫若母。我问阿连，她的儿子如今的状况可能与哪些家庭事件有关？思考几分钟后，阿连列举了三件事情。

一是儿子嫉妒心强，强烈反对我借了 2 万元钱给他姨妈买房子。姨妈买房后，房价就翻番了。儿子觉得"我做再多的工作也毫无意义，你有钱借给姨妈买房子，最后她家发财了，我们家还原地踏步"。

二是儿子很节省。小学时，每天带一元钱买早餐吃，儿子只花五毛，买两只饺子填肚子，有时甚至不吃早餐以节省一元钱。所以，一直没有正常的三餐习惯。工作后，每天中午吃几元钱的快餐，晚餐回家吃。

三是"否定与对比"的沟通方式儿子不喜欢。例如，"你没技术，没学历，没有关系，怎么能找到好工作？"，"你脾气不好，老板（即舅舅）怎么会喜欢你呢？"，"你看看大姨妈的儿子，同样从送货做起，最后买了间大酒楼，自己当了老板，多神气！你呢？"

我又问及阿连目前家庭的经济收支如何，阿连表示经济压力较往年有所缓解。住着政府提供的经济适用房，没有住房压力。自己有退休金，还经常外出打几份工,每月有5000元的收入。

只是她的丈夫在2008年做过鼻咽癌的手术之后,劳动能力下降,目前只干一份门卫工作,每月不到2000元的工资,只够他自己的日常开销,儿子的经济开销主要是阿连负担。另外比较担心的是丈夫的疾病有复发的可能,担心医疗费用。

阿连将工资卡交给丈夫保管。一来因为自己不懂如何用卡存钱、取钱、查询余额等。二来因为自己打几份工,没有时间去管钱,家务、买菜、做饭都是丈夫一手操办。

儿子15岁初中毕业后就没上学了。阿连没有与儿子商量,就自作主张送儿子到其舅舅的酒楼里帮工,送货接单,每月几百元工资。后来儿子业务能力不佳,舅舅常对其责骂。

从对上述案例的分析,我们可得出以下几点结论:

第一,阿连的家庭充满了焦虑、恐慌和悲观失望,其中还有嫉妒,因此,从心理情感能量的组合形态来看,阿连家庭的心理情感能量场可以归类为以焦虑、恐慌和悲观失望为主导的混合型家庭心理情感能量场;从家庭心理情感能量场运行状态来看,阿连的家庭可归类为问题家庭。

第二,阿连家庭不良的心理情感能量来自阿连、阿连的儿子、阿连的丈夫。这三个人的心理情感能量互相影响。阿连儿子的性格、行为模式、价值观、能力使阿连内心充满了焦虑与悲观失望。阿连丈夫的身体状态与心理情感状态使阿连充满了焦虑与恐慌。

第三,从表面来看,主导阿连这个家庭心理情感能量场的是阿连,而实际上是阿连的儿子。因为,作为一家之主的阿连,其焦虑、悲观失望的心理情感能量主要来自其儿子的性格、行为模式、价值观、能力。要重构阿连家庭的心理情感能量场,必须从其儿子着手。

第四,案例中提到的"舅舅"作为外来的力量,对阿连的家庭心理情感能量场具有破坏性作用,没有发挥"舅舅"这个角色应有的作用。

案例3-2 李海花家庭心理情感能量场

(案例来源:佛山市妇联)

李海花,一个平凡的名字,但其用自身的言行走着不平凡的路并影响着身边的每一个人,演绎着人间的"最美家庭"!

2009年,其丈夫张敏星的父亲受伤瘫痪,李海花不忍心公公和丈夫年幼的侄子张俊辉无人照顾,在丈夫张敏星的支持下,辞去工作,把公公和张俊辉接到自家住,在家悉心照顾公公和两个年幼的孩子。老人卧病在床,吃喝拉撒,李海花从不言累;老人身体疼痛要耍脾气,李海花总是脸挂笑容,给予安慰;老人食欲不振,李海花每天变换着菜式，希望老人能多吃点，增强抵抗力。常言道"久病床前无孝子"，张敏星在外地建筑工地打零散工支撑家庭日常开销，李海花代替丈夫尽儿子之孝。公公卧床6年多来，李海花为其洗澡、擦身、照顾起居饮食，怕公公长卧病床肌肉萎缩、溃烂，经常帮其按摩、捶背、翻身，为了公公的精神面貌，李海花都成公公的"御用发型师"了。公公卧床不能外出，李海花每天都会给公公讲讲外面的新鲜事、有趣事，还准备了收音机，每天播放公公喜欢的粤曲，让他寄情自己喜欢的东西，忘却受伤的身体。听得多了，李海花都会哼唱一二，有时候还会与公公一齐打打拍子、唱上几段，好让公公高兴一下。2016年，公公在病床上安详地去世了，去世时，嘴角微微上扬，仿佛是表达对晚年卧床的几年生活和这位尽心尽孝的儿媳的满意。

李海花丈夫张敏星的早年过世的哥哥育有一子张俊辉，一直跟着爷爷长大。由于幼年缺乏父母的爱和教育陪伴，张俊辉的性格异常内向和自卑，刚搬到李海花家时从不与邻里沟通、玩耍。李海花深感张俊辉的自卑和内向会对其以后的成长造成严重的影响，所以从张俊辉进入自家起，李海花就与丈夫达成默契——要把张俊辉当成自己的亲生儿子般对待，力求给予他健康的身心。当时处于三年级学习阶段的张俊辉，面对陌生的读书环境和家庭环境，加上其自卑的性格，闲时一度将自己关在黑暗的房间，无论李海花怎么努力，都没有办法打开他的心结。偶然一天，张俊辉放学回家刚想走进房间，李海花3岁的儿子张嘉豪把桌面的玩具弄到地上了，张俊辉顺手帮他捡起来，张嘉豪用他胖嘟嘟的小手拉着张俊辉的手，并用稚嫩的声音说："哥哥，陪我玩。"就是这童稚的交流，反而轻易地打开了张俊辉的内心。李海花知道后，经常鼓励自己的孩子多与哥哥玩，带着哥哥走出黑暗的房间，走出家门，走进邻里的生活里。

李海花深知张俊辉的性情，从不把他当外人，对待两个小朋友时时处处公平、公正，她从小教育两个小朋友要尊老爱幼、互助互利、团结友爱、相互尊重。有一次，张嘉豪贪玩，把张俊辉刚写完的作业本撕烂了，当时张俊辉不敢把事情告诉李海花，反而是李海花见他一晚没有完成作业而发现了事端。李海花把稚气的张嘉豪拉到身前，严厉又轻柔地问他是否撕烂了哥哥的作业本，张嘉豪怯怯地承认了错误，张海花说："辉哥哥是你的哥哥，是你的手足，我们是一家人！如果妈妈不小心弄坏了你心爱的玩具，你会伤心吗？会生气吗？"张嘉豪轻轻地点点头，张海花接着说："那你想妈妈怎样做？"张嘉豪弱弱地说："我想妈妈赔我一个。"李海花说："现在你弄坏了哥哥的作业本，作业本也是哥哥心爱的东西，你能赔他一本吗？"张嘉豪摇摇头，两眼流着眼泪地问："妈妈，那我可怎么办啊？"李海花微笑着摸摸张嘉豪的头说："最起码你要真诚地向哥哥道歉，请哥哥原谅你哦，还有我们一家人要相互尊重、相互爱护！"房间里面的张俊辉听到李海花的一席话，也是满脸泪水，他认识到这个家是属于他的家，有爱他的"爸爸""妈妈"和弟弟，是他的港湾。经过李海花贴心的教育和照顾，张俊辉的心逐渐打开了，融入了这个家庭，会和李海花说说心里话，两人如母子般相处。李海花的言传身教时刻影响着张俊辉，张俊辉爷爷在世的时候，看着李海花对爷爷无微不至的照顾，张俊辉有时候会主动给爷爷喂食、擦身，帮忙料理简单的家务。两个小孩子逐渐长大了，张俊辉会帮着照顾弟弟的学习、生活，两兄弟在李海花的教育下，犹如亲兄弟般和睦相处。张俊辉需要使用电脑接触网上知识的时候，张敏星夫妇省吃俭用为张俊辉配置了一台电脑，并引导其要健康上网；张俊辉初中毕业选择报读学校的时候，张敏星、李海花夫妇四处请教、打听和分析，帮张俊辉选择合适的学校。张敏星、李海花夫妇的默默付出深深感动着张俊辉。

根据对上述案例的分析，我们可得出以下几点结论：

第一，李海花家庭充满了乐观、爱、积极进取等心理情感能量，因此，从心理情感能量的组合形态来看，李海花家庭心理情感能量场可以归类为乐观、上进型；从家庭心理情感场运行的状态来看，可以归类为模范型。

第二，李海花家庭中所有成员都对其家庭心理情感能量场产生着深远的影响，李海花3岁的儿子张嘉豪更是在家庭心理情感场的建设中扮演了一个十分重要的角色，他用其特有的心理情感能量化解张俊辉心中的坚冰，对张俊辉的负性心理情感能量来了一次初步的"清场"。

第三，李海花在家庭心理情感能量场中起着主导性作用，性格、价值观、思维与行为模式、情感表达模式是她能起主导作用的原因。

第四，李海花建设家庭心理情感能量场的过程十分艰难，因为她面对的是两个心理情感能量场：一个是由李海花、张敏星、张嘉豪所构成的心理情感能量场，另一个是由张敏星父亲、张俊辉所构成的心理情感能量场（从案例来看，该心理情感能量场运行不良，充满了自卑、自闭、失望等心理情感能量）。李海花要将两个心理情感能量场融为一个。经过她的不断努力，她成功了。这种成功还是要归因于她的性格、价值观、思维与行为模式、情感表达模式。当然，家庭中其他成员的支持与配合是必不可少的。

(二) 家庭历史与传统

家庭历史是家庭所有成员的经济、政治、文化、科技、教育等活动及其成就与影响的总和，它可能是成文的，也可能是不成文的（即口口相传的）。家庭的传统存在于家庭的历史之中，是家庭历史最重要的组成部分之一。

同样或类似事件以同样或类似方式重复两次而没有受到阻拦，或者受到了赞赏，同样或类似事件就会获得足够的动力，以同样或类似的方式重复三次、四次，从而形成惯性，变成了传统。所有传统都是这样形成的，无论是优良的传统还是不良的传统。

从传统形成过程来看，家庭传统就是一个家庭一贯的（或长期以来）的行为方式，在这种一贯的行为方式背后是其一贯的思维方式与心理情感能量的组合模式。也可以这么说，家庭成员所有的经济、政治、文化、科技、教育等活动都是在某种思维方式与心理情感能量组合模式的推动下进行的。思维方式与心理情感能量组合模式不同，外在活动的内容、强度、形式就会不同，所得的结果就不同，这些结果所产生的影响也会存在极大的差异。

从上述的分析与论述来看，家庭历史与传统是家庭心理情感能量的产物，这种产物反过来又会影响家庭所有的成员，为家庭所有成员的行为提供心理情感能量，影响家庭心理情感能量场，促使其向某种类型发展。这一点得到本课题组调查数据的印证，具体调查统计结果见表3-14。

表3-14　家庭历史与传统对家庭心理情感能量场类型的影响

选项	小计（个）	比例（%）
A. 没有影响	98	15.17
B. 有一些影响	345	53.41
C. 有较大影响	156	24.15
D. 有很大影响	44	6.81
E. 未做选择	3	0.46
本题有效填写家庭数	646	—

从表3-14的统计数据来看，在646个被调查的家庭中，有98个家庭认为其家庭的历史与传统对家庭心理情感能量场的类型没有影响，占总数的15.17%。在476个普通家庭中，有67个家庭认为其家庭的历史与传统对家庭心理情感能量场的类型没有影响，占总数的14.08%。在117个模范家庭中，有23个家庭认为其家庭的历史与传统对家庭心理情感能量场的类型没有影响，占总数的19.66%。在53个问题家庭中，有8个家庭认为其家庭的历史与传统对家庭心理情感能量场的类型没有影响，占总数的15.09%。

从表3-14的统计数据来看，在646个被调查的家庭中，认为家庭的历史与传统对家庭心理情感能量场的类型有一些影响、有较大影响、有很大影响，占总数的84.37%。这一数据在普通家庭中为85.5%，在模范家庭中为79.49%，在问题家庭中为84.9%。

为了进一步分析论述家庭历史与传统对家庭心理情感能量场类型的影响，下面我们引入一个具体的案例。

案例3-3 刘石的家庭心理情感能量场

（案例来源：佛山市妇联）

爱劳动、学会团结、关心别人、做一个善良勤奋的人是刘石家庭的家训、家规。

刘石，1927年生于香港，年轻时血气方刚，是一位好讲原则、有正义感的好汉子。他参加过地下革命工作和抗日活动。1949年10月1日，港九工联会在香港举行庆祝中华人民共和国成立大会时，他担任过安全保卫纠察队长，成绩突出。次年，由广东省总工会调回参加中华人民共和国建设，他参与了佛山第一个发电厂、化肥厂、棉纺厂的征地、设计、施工、验收等工作，后来便留在佛山落地生根。刘叔做人达观，即便在最困难的日子里，他也常常对3个子女说："我们都会好起来的。"他曾因政治运动受到迫害，经历了风雨跌宕的岁月。他凭借开朗豁达的性格度过了最难熬的日子。

刘石的爱人白绮冰，1934年出生，中华人民共和国成立前参加过中国共产党领导的地下学联活动。中华人民共和国成立后从事新闻工作，获得过中华人民共和国广播电影电视部颁发的"从事人民广播事业三十年"的荣誉证书，1984年曾获得广东省妇联颁发的"家庭教育先进者"荣誉证书，1998年被市教育局、妇联评为"退休家庭教育先进者"。她喜欢音乐、绘画，又写得一手漂亮的钢笔字和毛笔字。

刘石夫妻退休后一直坚持学习，两人都已经80多岁了，仍然坚持每周星期三上午到市老干所学习。先后参加了老人大学的电脑基础班、中医保健班、医疗保健班、西医专修班、中医基础班、文学名篇欣赏、中国历史班的学习。

刘石夫妻的3个儿女，都出生在20世纪五六十年代之间，那些年月，物资匮乏令人们生活痛苦不堪。刘石夫妻不仅要忙于工作，照顾家庭，晚上忙完家务后还会利用时间学习进修，在家庭的熏陶下，3个儿女都秉承了良好的家庭文化基因。刘石夫妻经常教育3个孩子要爱学习、爱劳动、学会团结、关心别人，做一个善良勤奋的人。

现在，刘石的3个儿女都在各自领域里表现得很优秀。刘石夫妻的大儿子刘洪，高中毕业，年轻的时候非常好学，在20世纪70年代已经是一名资深的电脑技术工程师，成立了一家电脑公司，后来继续在职学习，获得了研究生学历，现在定居深圳。

二女儿刘敏，是一名优秀的服装设计师，她自幼爱绘画，她的母亲也擅长画工笔仕女图，她很喜欢看妈妈画画，当然也跟着学了几手。在家庭的熏陶下，她得到多方面的文化艺术修养。20世纪70年代，刘敏学习创作小型剪纸、绘画，曾经画过《佛山老字号》。2006年，刘敏在第一届珠江小姐选美赛中，用香云纱面料设计总决赛的晚礼服，款式和色彩的搭配考究，让每一位身材高挑的佳丽，展示出东方女子特有的矜持和婉约之美。一时间，她设计的作品征服了所有的人，包括那些当初认为国内设计"土鳖"、主张聘请外国设计师的人。她所领导的公司，最近被中国宋庆龄基金会授予"上下五千年项目"佛山办事处香云纱绣工莨作品牌推广中心牌匾，让佛山古老的香云纱吐露出时代的芬芳。

三女儿刘小田，从小刻苦学习，非常喜欢学习英语，刘叔也是学习过英语的，两人在家经常用英语交谈，所以，刘小田从小对学习英语产生了浓厚的兴趣。刘小田高中毕业后，顺利被广东外语外贸大学录取。大学毕业后，刘小田回到佛山工作，在佛山化纤厂做一名翻译，由于工作的需要，她经常要出国学习，交流技术。

刘石夫妻的3个孙子孙女从小是由刘石夫妻带大，由于家庭文化氛围浓厚，3个孙子孙女都比较优秀。3个孙子孙女均是研究生毕业，分别毕业于香港中文大学、中山大学和英国一所大学。

上个月，是刘石夫妻结婚60周年，钻石婚。他们生活美满、身体健康、儿女孝顺、孙子孙女懂事乖巧，并在各自工作领域有一定的成绩。刘石夫妻用他们的行为教导每个孩子做一个善良、努力的人，传承那岁月沉淀下来的精神之光！传承好的家风家训。

通过对上述案例的深入分析，我们可以得出以下几点结论：

第一，刘石的家庭充满了乐观、好学、积极向上、友爱、宽容、民族意识、集体意识等心理情感能量。因此，从心理情感能量的组合形态来看，刘石家庭的心理情感能量场可以归类为积极上进型；从心理情感能量场的运行状态来看，可以归类为模范型。

第二，这种积极上进型心理情感能量场的形成与刘石家庭的历史与传统密不可分。从刘石家庭的历史来看，家庭中两核心成员都曾积极投身于民族大业与国家的建设之中，其群体（即民族与国家）性心理情感在两人的心理情感能量的组合形态中处于主导性地位，即使受到迫害，也未曾改变半分。他们夫妻二人为国家建设做了贡献，也得到了一系列相应的荣誉，这些贡献与荣誉又成了家庭建设性心理情感能量的重要来源。

第三，案例中提到了刘石家庭的家规、家训、家风。刘石家庭的家规、家训是：爱劳动、学会团结、关心别人、做一个善良勤奋的人。从刘石家庭的家规、家训来看，在形式与内容上，家规与家训可以合二为一。从本质与目的上来看，家规、家训是要塑造家庭成员理想的人性组合形态、理想的心理情感能量组合形态，进而达到塑造家庭成员理想的行为模式。根据这一理想的行为模式，一个人可以妥善处理家庭成员之间的关系、个人与组织的关系、个人与同事及朋友的关系、个人与国家及民族的关系。如果所有的家庭成员都严格遵守这一家规、家训，就会形成良好的家风。家风是家庭心理情感能量场的外现形式。

第四，案例中提到了"家庭文化基因"。家庭文化的核心便是家规、家训、家风，即所谓的家庭文化基因。家庭文化的其他内容与形式都是由此派生出来的。不同的家庭有不同的家庭文化基因，这也是家庭心理情感能量场之间存在差异的根本原因。刘石家庭文化的基因便是：爱劳动、学会团结、关心别人、做一个善良勤奋的人。这一基因在很大程度上决定了刘石家庭心理情感能量场的类型。

第五，上述案例中，实际上存在4个家庭心理情感能量场：一个是以刘石夫妻为中心的家庭心理情感能量场，另外3个分别是刘石3个儿女及其配偶所构成的家庭心理情感能量场。从刘石及其夫人来说，他们的心理情感能量场与其他3个家庭心理情感能量场的边界既清晰，又十分模糊。根据心理情感能量场的能量外溢原理与机制，刘石家庭心理情感能量场中的各种能量可以十分顺畅地外溢到他3个儿女的家庭之中，并对这3个家庭产生极为重要的影响。对刘石夫妻来说，在某种意义上这4个家庭心理情感能量场实际上是一个整体，是一个大的家庭心理情感能量场。也许正是因为如此，再加上其他的原因，刘石的3个孙子孙女也个个积极向上。

三、家庭心理情感能量场类型相对的稳定性与可变性

从理论与现实的角度来看，家庭心理情感能量场既具有相对的稳定性又具有可变性。

（一）家庭心理情感能量场类型相对的稳定性

家庭心理情感能量场相对的稳定性是指家庭主导性心理情感能量场相对的稳定性。何谓家庭主导性心理情感能量场？综观家庭的生命周期，其心理情感能量在不同的情景下会呈现出不同的组合形态，形成不同的心理情感能量场，使家庭及家庭成员产生不同的行为。但是，任何一个家庭都存在一种主导性的心理情感能量的组合形态，因而形成一种主导性的家庭心理情感能量场。除此之外的便是非主导性的心理情感能量场。一个家庭主导性心理情感能量场会在总体和总趋势上主导家庭和家庭成员的行为，而众多的非主导性的心理情感能量场则会偶尔地、暂时或短期地主导家庭与家庭成员的行为。

根据本课题组的调查，相关统计数据证实了家庭主导性心理情感能量场相对的稳定性，具体调查统计结果见表3-15、表3-16。

表3-15 在总体上，您的家庭心理情感能量场的类型是什么（单选题）

选项	小计（个）	比例（%）
A. 喜乐型	207	32.04
B. 悲怜型	46	7.12
C. 恐慌型	13	2.01

续表 3-15

选项	小计（个）	比例（%）
D. 嫉妒愤恨型	1	0.15
E. 积极向上型	171	26.47
F. 保守懒惰型	27	4.18
G. 悲观失望型	6	0.93
H. 混合型	175	27.09
本题有效填写家庭数	646	—

表 3-16 近 3 年来，您的家庭由哪种类型心理情感能量主导（单选题）

选项	小计（个）	比例（%）
A. 喜乐型	213	32.97
B. 悲怜型	30	4.64
C. 恐慌型	9	1.39
D. 嫉妒愤恨型	2	0.31
E. 积极向上型	191	29.57
F. 保守懒惰型	27	4.18
G. 悲观失望型	27	4.18
H. 混合型	147	22.76
本题有效填写家庭数	646	—

表 3-15 的统计数据在本章分析家庭心理情感能量场的类型时已经用过。从本章第一节的分析论述与表 3-15、表 3-16 的调查统计结果来看，一个家庭主导性心理情感能量场具有相对的稳定性。这是因为：

第一，家庭成员具有相对的稳定性。家庭心理情感能量来自家庭所有的成员，家庭主导性心理情感能量组合形态由家庭主导性成员所决定。家庭成员与家庭主导性成员在性格、能力、价值观、思维与行为模式等方面都具有相对的稳定性，其存活的时间也具有相对的稳定性。

第二，家庭历史的不可改变性与传统的相对稳定性。如上所述，家庭心理情感能量场类型的形成受到家庭历史与传统的深刻影响。家庭历史已成过往的事实，无法改变。家庭的传统一旦形成，也具有相对的稳定性，而家庭心理情感能量场类型的形成深受家庭历史与家庭传统的影响。

第三，其他影响家庭主导性心理情感能量类型形成的因素，如家庭经济政治及社会地位、家庭结构与家庭所处的宏观与中观环境等，也具有相对稳定性。

（二）家庭心理情感能量场类型的可变性

家庭心理情感能量场类型的可变性分为两个方面，一是家庭主导性心理情感能量场的可变性，二是家庭非主导性心理情感能量场的可变性。

1. 家庭主导性心理情感能量场的可变性

前文已经分析了家庭主导性心理情感能量场类型的稳定性，但是这种稳定性是相对的，因为家庭成员也只是具有相对的稳定性，家庭传统可能被中断，家庭文化基因会发生突变，家庭经济政治及社会地位因为各种原因也会发生渐变或突变。这些影响因素中的任何一个发生变化，都会导致家庭主导性心理情感能量场由一种类型向另一种类型演变。通过对比表3-15与表3-16的统计数据，我们也可发现，其中有少部分家庭的主导性心理情感能量场类型发生了变化。

下面这个案例陈述的就是因家庭成员发生变化而导致家庭主导性心理情感能量场类型发生了改变。

案例3-4 阿仙家庭主导性心理情感能量场类型的演化

（张槎街道妇联2018年家庭教育服务项目专家咨询来访案例）

清瘦的脸庞，得体的五官，波浪的发型，适中的身材，这是阿仙给我的第一印象。

她的诉求主要有两个：

"第一，我儿子现在就读冼可澄小学，进入六年级以来成绩每况愈下，已经从班级上游跌至中游了。我很担心他的成绩。"

"第二，他的作息严重影响了我。每天傍晚6点放学回到家，就开始看手机打游戏至深夜11点后，又开始看电视，因为这个时间的电视节目最好看，其实基本上是网络游戏电视。一般12点以后才开始睡觉。清晨4点起床做作业，在去学校前基本上能够完成，我没有接到过老师的批评电话。但是我受不了，不能陪他到很晚，有时我一觉醒来，他还在看电视。我的心情就跌至冰点而失眠了，恶性循环后，上班不能集中心思……"

"叫他别看电视早点睡，他口头答应，但是管不住自己，还会一直一直看下去。我与他很少话语沟通，批评他时或者与他讲道理时，他心情好时不顶撞，但他会这样说'你儿子就是这么蠢啦，我有什么办法？'心情不好时根本碰不得，发脾气，摔东西，关闭房间门一整天……"

"我每次关了电视，他就赌气似的马上打开。一开一关，拉锯战，我受不了。他根本不听我的话，也不怕我，我也无法走进他的内心。"

我的问题：儿子何时变的？你们之间的沟通为何没有效果？儿子不听你的话，

反而可以控制你，影响你？你有"无力感、无助感"吗？

阿仙回答："2015年9月，我丈夫因为舌癌去世后，儿子就开始变了。因为没有父亲的严厉管教，他就无法无天了……"

孩子最善于察言观色，他为何能够控制母亲，左右母亲的情绪？鉴于孩子的社交、读书、表达还算正常，我提出10岁孩子的丧亲哀伤，当时乃至现在有无正视过？

说起"丧亲哀伤"，阿仙顿时泪如雨下，无语哽咽数次……三年过去了，她还没有走出哀伤。"我已经失去了丈夫，不想再失去儿子，所以心里很担心儿子，有时将焦虑转嫁给了儿子，这是我对自己的觉察。儿子似乎从来不与我提爸爸过往的事情，他是怕我伤心，所以我们聊其他事情时也很勉强。"

"如果一个成年人走不出自己的阴影，走不出丧亲之痛，那么一个10岁的孩子情何以堪？无法彼此敞开心扉，接纳现实，最终造成了母子间的隔膜，真是令人遗憾！"

阿仙独立抚养儿子，周一到周六都要上班，而且上班地点在狮山一家被服厂，有时周日也会加班。所以，陪伴儿子的时间极其有限。儿子学校的家长会、运动会、社会实践活动等她几乎从来没有参加过。所以，儿子经常是一个人在家，电视和手机在身边，无人陪伴，邻居和亲戚的支持也很有限度。

阿仙说："我有时会没收他的手机，但骗他说是舅舅拿走了，后来这一招不灵了。我劝他要尽力去学习，他木然。他有时会问我：'是否会去给我找一个后爸？'"

在上述案例中，阿仙家庭成员与家庭结构发生了重大的变化。阿仙丈夫去世使阿仙家庭失去了一个至关重要的支柱，阿仙家庭由一个健全的家庭变成了一个单亲家庭，同时也使阿仙家庭的经济状况发生了重大的变化。在此之前，阿仙家庭主导性成员应该是阿仙的丈夫，儿子受到阿仙丈夫的管束，阿仙夫妻相爱。从家庭心理情感能量场的运行状态来看，应该是一个普通家庭；从家庭心理情感能量组合形成来看，应该可以归类为混合型。

但是，阿仙丈夫的去世使阿仙家庭充满了悲伤的心理情感能量，这种能量一直主导着阿仙儿子的行为。对"后爸"到来的担忧使阿仙儿子感到十分焦虑。而阿仙儿子的行为与心理情感能量又传导给了阿仙。阿仙家庭的心理情感能量场的类型演变成了悲怜-焦虑-恐慌型。

除了家庭自身因素之外，宏观环境的变化也会促使家庭主导性心理情感能量场由一个人类型向另一个类型演化。宏观环境就是一个宏大的心理情感能量场，我们每一个都生活在这个宏大的心理情感能量场之中，家庭心理情感能量场无法摆脱其制约与影响。从政治环境来看，可以分为稳定型与动荡型；从经济环境来看，可分为竞争型、合作型、公有占主导或私有占主导型；从法律环境来看，法律可以分为良法与恶法；从社会伦理道德状况来看，社会伦理道德可分为良好、一般、不良、极坏；从传统风俗看，有良好的、建设性的传统与风俗，有不良的、破坏性的传统与风俗。这些宏观环境因素中的任何一个因素的变化，都有可能导致家庭主导性心理情感能量场类型的变化：由建设性的、积极的向破坏性、消极的演化，或者由破坏性、消极的向建设性的、积极的演化。相关的调查数据统计见表3-17。

表3-17 您的家庭心理情感能量场类型会受哪些因素的影响（多选题）

选项	小计（个）	比例（%）
A. 政治、经济、法律、教育制度与政策	377	58.36
B. 社会伦理道德状况	361	55.88
C. 传统与风俗	360	55.73
D. 亲戚、朋友与邻居	339	52.48
E. 社区	124	19.20
F. 突发事件（或具体事件）	22	3.41
G. 未做选择	5	0.77
本题有效填写家庭数	646	—

在表3-17中，A、B、C三项属于宏观因素，从表3-17的统计数据来看，政治、经济、法律、教育制度与政策的影响力达到58.36%，社会伦理道德状况的影响力达到55.88%，传统与风俗的影响力达到55.73%。

2. 家庭非主导性心理情感能量场的可变性

家庭非主导性心理情感能量场是指偶尔出现、暂时主导家庭成员心理情感模式、思维模式与行为模式的心理情感能量场，随着相应的事件或情景的消失，这种非主导的家庭心理情感能量场就会消失。一般来说，一个家庭主导性心理情感能量场只有一个，非主导性心理情感能量场则可能有多个。引发非主导性心理情感能量场出现变化的主要是微观因素，如亲戚、朋友与邻居，社区，突发事件（或具体事件），具体调查数据统计见表3-18、表3-19、表3-20。

表3-18 您的家庭（普通家庭）心理情感场类型会受哪些因素的影响（多选题）

选项	小计（个）	比例（%）
A. 政治、经济、法律、教育制度与政策	289	60.71
B. 社会伦理道德状况	268	56.30
C. 传统与风俗	274	57.56
D. 亲戚、朋友与邻居	251	52.73
E. 社区	88	18.49

续表3-18

选项	小计（个）	比例（%）
F. 突发事件（或具体事件）	11	2.31
G. 未做选择	4	0.84
本题有效填写家庭数	476	—

表3-19　您的家庭（模范家庭）心理情感场类型会受哪些因素的影响（多选题）

选项	小计（个）	比例（%）
A. 政治、经济、法律、教育制度与政策	67	57.26
B. 社会伦理道德状况	67	57.26
C. 传统与风俗	65	55.56
D. 亲戚、朋友与邻居	56	47.86
E. 社区	25	21.37
F. 突发事件（或具体事件）	9	7.69
G. 未做选择	1	0.85
本题有效填写家庭数	117	—

表3-20　您的家庭（问题家庭）心理情感场类型会受哪些因素的影响（多选题）

选项	小计（个）	比例（%）
A. 政治、经济、法律、教育制度与政策	21	39.62
B. 社会伦理道德状况	26	49.06
C. 传统与风俗	21	39.62
D. 亲戚、朋友与邻居	32	60.38
E. 社区	11	20.75
F. 突发事件（或具体事件）	2	3.77
本题有效填写家庭数	53	—

通过对表3-18、表3-19、表3-20调查统计数据的分析，我们可以得出以下结论：

第一，亲戚、朋友与邻居，是我们所处的微观环境。亲戚、朋友与邻居的类型有：友善合作型、依赖型、竞争嫉妒型、败坏型、混合型。一个家庭与其亲戚、朋友与邻居构成一个网络形态的心理情感能量场，各种心理情感能量都会在这个网络形态的心理情感能量场中迅速传递，尤其在科技高度发展的今天。在这个网络形态的心理情感能量场中迅速传递的心理情感能量会对家庭主导性心理情感能量场形成冲击，并暂时主导家庭成员的思维、心理状态与行为，形成非主导性的家庭心理情感能量场。

第二，社区是我们所处的实体环境。从本质上来说，社区就是心理情感能量场。从人与人的关系来看，社区可以分为和谐型与矛盾冲突型；从治安环境来看，社区可分为治安良好型与治安混乱型；从卫生环境来看，社区可分为脏乱差型与美洁好型。不同类型的环境产生不同类型的心理情感能量，这种能量会传递给家庭。从心理情感能量场之间的关系来看，家庭心理情感能量场处于社区心理情感能量场之中，社区的心理情感能量能够通畅地传递给家庭。现在出现的虚拟社区中所产生的各种心理情感传递得更快，对家庭与家庭成员的影响也更迅速。

第三，突发事件（或具体事件）对家庭心理情感能量也存在影响。突发事件（或具体事件）的类型主要有：喜乐型事件（生、得、富、达、聚、和、娶、嫁、成等）、悲怜型事件（老、病、死、失、贫、离、散等）、恐慌型事件（急、危、灾、祸、失、败等）、嫉妒怒恨型事件（争、骂、咒、讼、斗、打等）。不同类型的事件产生不同的心理情感能量，形成不同的心理情感能量场。

突发事件（或具体事件）的影响程度取决于突发事件（或具体事件）对家庭心理情感能量场的冲击力度。冲击力度小或中等的突发事件，一般来说只能产生非主导性的家庭心理情感能量场，暂时影响家庭与家庭成员的思维、心理状态与行为。冲击力度大的突发事件，可能会使主导性家庭心理情感能量场发生改变，形成另一种类型的主导性家庭心理情感能量场。

第四，通过对表3-18、表3-19、表3-20调查统计数据的分析，我们可发现，问题家庭的心理情感能量场最容易受到亲戚、朋友与邻居的影响，其次是普通家庭，模范家庭的心理情感能量场受亲戚、朋友与邻居的影响最小。表3-18、表3-19、表3-20调查统计数据还显示，相对而言，问题家庭的心理情感能量场更容易受到亲戚、朋友与邻居，社区，突发事件（或具体事件）的影响，而受宏观环境因素的影响力相对要弱。这个调查结果对从事社会工作的专业人员具有十分重要的启示作用。

第五，结合表3-15、表3-16的统计数据来看，家庭非主导性心理情感能量场也可能演变成家庭主导性心理情感能量场。当一个家庭或一个社区发生严重不良事件时，需要外部力量及时介入，否则，一个家庭或数个家庭的心理情感能量场就有可能由积极的或混合的类型向消极的、破坏的类型转变。

第四章 家庭心理情感能量场平衡机制

家庭心理情感能量场平衡机制的发展路径是：平衡—失衡—平衡—失衡—平衡……家庭心理情感能量场内部存在自动平衡机制，但随着时间的推移，根据熵的原理，由于家庭心理情感能量内部与外部互相影响，这种自动平衡机制就会出现故障，导致家庭心理情感能量场失衡。由于情爱、性爱、责任感、归属感等心理情感能量的作用，根据各自家庭的实际情况、失衡的程度和其他因素，自动平衡机制的故障会被排除，家庭心理情感能量场会或快或慢地自动恢复平衡。如果家庭心理情感能量场无法依靠自身的力量恢复平衡，外部力量的适度、适时介入，可以使家庭心理情感能量场恢复平衡。如果外部力量介入无效，这个家庭心理情感能量场的生命周期就会终结。

一般来说，在家庭心理情感能量场的生命周期内，平衡是家庭心理情感能量场运行的常态，失衡是非常态，尽管各种类型、各种程度的失衡会时有发生。

一、家庭心理情感能量场平衡

家庭心理情感能量场平衡是指家庭心理情感能量场上的各种心理情感能量在总体与总趋势上的平衡。维持这种平衡的机制有三条定律。

第一，家庭所有成员都不可或缺。家庭心理情感能量由家庭所有成员提供，任何家庭成员的缺失都会导致家庭心理情感能量场运行机制的缺损，进而导致家庭心理情感能量场失去平衡。这种失衡可能是暂时的，也有可能是长期的，还有可能是永久的，具体情况取决于家庭内外各种因素互相作用所出现的结果。在本书第三章我们陈述了阿仙家庭心理情感能量场的演变，从案例中我们可以看出，阿仙丈夫的去世导致了阿仙家庭心理情感能量场某种关键性心理情感能量缺失，打破了阿仙家庭心理情感能量场原有的各种心理情感能量之间的秩序，造成了运行机制的缺损，进而导致阿仙家庭心理情感能量场长期失衡。如果没有外部心理情感能量的有效介入，这种长期的失衡就会演变成永久的失衡。

第二，家庭成员之间互相依赖、互相矛盾、互相制约与平衡，这实质上就是家庭心理情感能量场各种心理情感能量之间互相依赖、互相矛盾、互相制约与平衡。每一个家庭成员都是心理情感能量的载体，或者称"心理情感能量包"，其中内含了各种各样的心理情感能量。一个家庭成员在不同的情景下向家庭心理情感能量场输送不同的心理情感能量。面对同一件事、同一个人,每个家庭成员输出的心理情感能量在类型上与强弱的程度上是存在差异的。此时,家庭心理情感能量场上的各种心理情感能量之间会出现互相矛盾、互相制约,进而达到互相平衡。

第三,任何一个家庭在特定的时期内或在特定的情景中都存在一个主导性家庭成员,这个主导性家庭成员的主导性心理情感能量组合形态会对家庭心理情感能量场产生主导性的影响,从而使家庭心理情感能量场呈现出某种类型。但是,这一个家庭成员的主导性地位是相对的,而不是绝对的,其他家庭成员会形成制约性力量,从各个方面、各个角度,以各种形式,对主导性家庭成员的行为进行制约,从而形成家庭心理情感能量场总体的平衡。这实质上就是说,家庭心理情感能量场中某种心理情感能量只能取得相对主导性的地位,其他心理情感能量会以各形式,通过各种管道得以疏导,从而使家庭心理情感能量场处于总体的平衡状态,不管这个家庭心理情感能量场属于喜乐型、积极向上型或是混合型,实际上,在现实社会中,典型的家庭心理情感能量场类型十分少见,这一点我们可从第三章的表 3-15、表 3-16 的统计数据得到某种程度的佐证。

为了进一步分析论述家庭心理情感能量场平衡机制的三条定律,我们在此引入一个案例。

案例 4-1 小西的家庭心理情感能量场

(案例来源:本课题组成员工作坊实录)

小西 27 岁结婚,她和丈夫都是事业单位的编制人员,但任职于不同的单位,两人学历、工资水平、年龄等各方面均相仿。小西 28 岁生下儿子,当时由婆婆来帮忙照顾,但二人生活方式和观念存在诸多不合,每次出现矛盾,老公均要求小西委曲求全,甚至指责小西不孝敬老人,爱计较。小西感到非常的委屈和难过,并因此患上了产后抑郁症。后来在朋友的引荐下,她接受了心理咨询师的辅导,这让她感到非常有帮助,咨询师的接纳和理解,使她的愤怒和委屈得到倾诉和释放,并且慢慢获得更多的心理能量,变得越来越勇敢,敢于为自己的主张而争取。抑郁症消失后,她仍保持每月一次的频率接受心理辅导,以获得更多的成长。后来,小西让公婆从家中搬走,中间也遇到很多的阻力,老公反对,公婆生气,但小西坚决这么做,不妥协,终于如愿以偿。孩子上幼儿园后她请了钟点工做家务,夫妻二人协调时间接送孩子,家庭成员关系改善不少。但小西老公向来脾气不好,易怒,对妻儿缺乏耐心。以前小西常被老公的情绪控制,也时常感到害怕,但她坚持自我探索,不断强大内心,慢慢地可以不再受制于丈夫的无理取闹。在这期间,公婆还时不时以帮助他们为由,想要和他们同住,但小西均坚定地、委婉地拒绝,只允许公婆短住,不让他们长留。她生二胎女儿的时候,也坚决拒绝公婆的帮助,坐月子期间用了近一万元聘请了月嫂帮忙,其间小西丈夫和公婆强烈反对,她也坚持己见。小西的家庭虽然只是普通的中产家庭，但这样的开支还是负担得起，她认为在经济条件允许的情况下，能用钱换来小家庭的平静，换来自己作为女主人的权力，那是十分值得的。而小西丈夫一方面不舍得花钱，另一方面相信自己的父母对他们才是最尽心的。他对父母有诸多的情感依赖，且不帮助妻子打理家务琐事，更无法体验外嫁媳妇入住夫家，受到公婆的贬损，所以常常无法理解妻子的感受。在婚后的生活中，拒绝公婆对她家庭生活的干涉，以及赢得丈夫的支持，对小西来说，是一场持久的抗争。在小西的坚持下，她生二孩坐月子期间，聘用了月嫂，整个月子期间心情都很愉快。现在的她，终于可以真正做这个小家庭的女主人。她常尽量陪伴孩子，对两个孩子充满温柔和爱意。她很爱学习，不断吸收育儿和心理学的知识，相比丈夫更懂得孩子的心理，也更懂得有效的教养。现在小西和丈夫的矛盾主要体现在育儿理念和教养方法的分歧，出于对孩子健康心智的培养，小西仍坚持己见，必要时阻止丈夫对孩子的暴力和鲁莽，丈夫虽然不甚同意，也会和小西辩论甚至争吵，但几乎每次都以小西胜利告终。虽然家庭生活中偶有争吵，但小西仍觉得自己是幸福的，看着喜乐的孩子，她感到更加知足了。

通过对上述案例的深入分析，我们可以得出以下几点结论：

第一，小西家庭成员有4位：小西、小西的丈夫、小西的儿子、小西的女儿。这4位家庭成员向小西家庭心理情感能量场输入不同的心理情感能量，而且不同的情景下，输入不同的心理情感能量，形成相应心理情感能量之间的秩序，这种秩序也可以被称为心灵秩序。它是维持家庭心理情感能量场总体平衡的支柱之一。任何一位成员的缺失都会导致小西家庭心理情感能量场中各种心理情感能量之间秩序的混乱，进而导致小西家庭心理情感能量场的失衡。

第二，小西家庭成员之间互相依赖、互相矛盾、互相制约与平衡，实质上就是小西家庭心理情感能量场各种心理情感能量之间互相依赖、互相矛盾、互相制约与平衡。首先，从案例中可以看出，小西家庭中有两位主要成员：小西与小西丈夫。这两位成员之间互相依赖、互相矛盾、互相制约，进而达到互相平衡。从案例可以看出，最初，小西受制于其丈夫，案例中提到"小西老公向来脾气不好，易怒，对妻儿缺乏耐心。以前小西常被老公的情绪控制，也时常感到害怕"。可见，小西家庭心理情感能量场最初由小西的丈夫主导。在其丈夫的主导之下，小西家庭心理情感能量场时常被怒与恐惧所主导，几近失衡的状态。但是，小西通过向家庭外部有关机构咨询，通过学习而获得了成长，同时获得了新的心理情感能量，能够与其丈夫抗衡，制约其丈夫的不良行为，重塑其丈夫不良的心理结构。在这个漫长的过程中，小西渐渐成了家庭心理情感能量场的主导者。在小西的主导下，小西感到幸福、知足，小西的儿女欢快、喜乐。其次，小西的儿子与女儿虽然年纪小，但他们也拥有强大的心理情感能量，这种能量是天然的，它使得父母对他们产生强大的依赖心理。这种对子女的依赖心理是维持家庭心理情感能量场正常运行的非常重要的力量。

第三，在上述案例中，实际上存在三个互相关联、互相重叠的家庭心理情感能量场：以小西父母为核心的家庭心理情感能量场，以小西丈夫的父母为核心的家庭心理情感能量场，以小西夫妻为核心的家庭心理情感能量场。以小西夫妻为核心的家庭心理情感能量场是从前面两个家庭分离出来的，这是心理情感能量场成长与分裂机制发生作用的结果。

第四，在上述案例中，小西是其家庭心理情感能量场边界的主要建筑者和坚决维护者，如果一个新生家庭缺少这样一位成员，这个家庭就无法成长，依赖性会在家庭心理情感能量场中取得主导性地位，进而导致三个互相关联、互相重叠的家庭心理情感能量场之间发生严重的互相矛盾与冲突。

第五，在上述案例中，以小西丈夫的父母为核心的家庭心理情感能量场试图并入以小西夫妻为核心的家庭心理情感能量场。实际上，这种做法并不明智，属于家庭心理情感能量场老年期的第一大陷阱，极有可能导致家庭心理情感能量场长期失衡。具体分析与论述见本书第七章的第三部分。

二、家庭心理情感能量场失衡

家庭心理情感能量场平衡是一种常态，失衡则是一种非常态。家庭心理情感能量场失衡亦有三大定律：家庭成员缺失，家庭成员之间互相依赖、互相矛盾、互相制约与平衡机制的丧失，家庭心理情感能量场中各种心理情感能量之间的秩序混乱。

在本书第三章第三部分阿仙家庭心理情感能量场的案例中，丈夫（即阿仙儿子的父亲）的去世，使阿仙家庭失去了一支至关重要的心理情感能量，引发家庭成员之间互相依赖、互相矛盾、互相制约与平衡机制的丧失，原有的家庭心理情感能量场中各种心理情感能量之间的秩序被打破，导致阿仙家庭心理情感能量场失去平衡。

为了进一步分析、论述家庭心理情感能量场失衡定律，下面我们引入一个案例。

案例4-2 阿海的家庭心理情感能量场

（案例来源：佛山市高明区某镇妇联妇女儿童权益维护工作站）

2012年3月5日下午5时，一对残疾夫妇来到维权站办公室求助。阿海，男，56岁，右腿截肢，石水村委会丰坳村村民；阿芳，女，47岁，聋哑人，是阿海的妻子。阿海反映妻子阿芳自2011年5月份开始经常不回家，并要求与他离婚，阿海希望妇联工作人员能帮忙做他妻子的思想工作，让妻子回到他身边。据了解，阿海在1983年与阿芳结婚，婚后生育2个儿子，现大儿子已婚，并生育1女，小儿子未婚，在外地工作。7年前，阿海因事故变成残疾人（右腿截肢），现在待在家中，没有工作。妻子阿芳在一家印刷公司工作，月工资为1100元，除去买社保、医疗保险等，实收900元，工资存折由两个儿子轮流保管，其儿子每月取出500多元给母亲阿芳做生活费用，现在阿海的日常生活费用都是由妻子阿芳的工资支出的。自2011年5月份开始阿芳经常不回家，即使回家也不在家留宿，阿海怀疑妻子与曾经同在印刷公司工作的保安人员李某（东北人）有不正当关系，并非法同居。阿海曾经约李某出来沟通过，希望他不要与阿芳在一起，李某表示只是同情她、关心她，二人之间并没有其他关系。阿海还反映妻子今年多次回家找结婚证、户口簿等证件打算离婚。由于阿芳是聋哑人，工作人员无法与她沟通，便与阿海分析，阿芳已47岁了，又是聋哑人，工资且不高，李某自己有工作，可能确实是如李某所说的同情她、关心她而已。现在妻子要求与他离婚，是否他在日常生活中不够关心妻子或在金钱方面过于限制妻子，令她在心理上对家人感到失望。建议他以后尝试换一种方式与妻子相处，将怀疑变信任，多关心、体贴妻子，与儿子儿媳一起用亲情感化她，使她意识到家庭的重要性。

跟踪情况：

3月6日上午，工作人员联系阿海所在村的村委会妇女主任黎主任了解阿海的家庭情况，黎主任表示要与阿海儿子联系了解情况后再答复。两天后，工作人员再次通过电话联系黎主任，黎主任回复已与阿海的大儿子沟通过，阿海的大儿子说他找不到母亲，平时很少与母亲沟通，对母亲的情况也不了解。

3月9日下午，工作人员接到区妇联维权站电话，反映阿海的小儿子致电区妇联维权站，诉说镇婚姻登记处不给他的父母办理离婚手续，咨询区妇联能否出具证明给他父母办理离婚手续。工作人员根据区妇联维权站提供的阿海小儿子的电话号码与他联系，他反映3月5日他父母到镇婚姻登记处要求离婚，而婚姻登记处工作人员不给他父母办理手续；还反映他的母亲长期不回家，休息日他到公司接母亲回家，母亲不肯跟他回家，母亲与李某（东北人）同居，家属非常担心她的安全问题，担心她被人骗走或拐卖。工作人员嘱咐他多留意母亲的动向，如发现有不妥的迹象就报警，平时要多关心、体贴母亲，多与她沟通，了解母亲为什么放弃自己的家庭而选择与李某在一起，是否有其他苦衷？关于镇婚姻登记处不给办理离婚手续，维权站工作人员将了解到的情况转告给他：离婚必须是当事人双方自愿离婚，任何第三者不得干涉，而办理离婚手续过程的协议条款是要求双方当事人明白并亲自签名确认的，但由于阿芳是聋哑人，而且不识字，工作人员无法与她沟通，不知道阿芳对离婚协议条款是否清楚，所以没有马上给阿海、阿芳办理离婚手续。

3月14日，工作人员打听到阿芳所在公司的刘老师能够与聋哑人用手语沟通，立即致电刘老师，希望他协助工作人员与阿芳沟通，了解她为什么要求离婚及想法，是否有其他苦衷？刘老师回复近几天都没有看见阿芳，待他见到阿芳后回复。随后，工作人员致电阿海了解近期阿芳有没有回家，阿海说从3月5日与她一起来维权站上访后一直没有见到她，也不知她的去向。

3月20日下午，刘老师致电维权站，将与阿芳沟通的情况回复维权站：阿芳诉说丈夫阿海在日常生活中不关心、不体贴她，还经常打她，工资存折也由儿子保管，自己辛苦打工，但没有钱。自从认识李某后，李某关心、体贴她，她生病了也带她去医院看病，并表示他们是真心想在一起的。而且说李某曾经在家乡做过几次生意，因不善于经营，生意屡次失败，他妻子嫌弃他跟他离了婚，他与前妻生的儿子已结婚，现在李某一人在高明工作，几年都没有回家，阿芳打算与丈夫离婚后再与他结婚。刘老师跟阿芳分析：她已接近50岁了，且是聋哑人，家里有丈夫和两个儿子，将来自己老了也有个依靠，希望她不要与丈夫离婚；如果她真的与李某在一起，日后他们的生活怎样过、在哪居住都是问题，万一将来李某也嫌弃她了，她该怎么办。刘老师劝说阿芳要三思而行，阿芳表示会考虑清楚。刘老师亦联系李某，希望他在阿芳还没有离婚之前，不能与阿芳同居，因为他们同居是不合法的，李某答应了刘老师的要求。随后，工作人员将刘老师与阿芳沟通的情况转告给阿海，并希望他以后多关心、体贴妻子，用亲情感化她，令妻子回到他身边。

通过对上述案例的深入分析，我们发现阿海家庭心理情感能量场存在以下几个特征：

第一，家庭成员之间互相依赖、互相矛盾、互相制约与平衡机制的丧失。案例显示，长期以来，阿芳与阿海之间只有互相矛盾的关系，没有相互依赖、相互制约、相互平衡的关系。阿海对阿芳不关心、不体贴，还经常对阿芳施以暴力。同时，阿芳对自己的经济收入也丧失了支配权。

第二，阿海家庭心理情感能量场中各种心理情感能量之间的秩序混乱。所谓的心理情感能量场能量间的秩序是指：维持该心理情感能量场存在和发展的各种相关心理情感能量应有的或"合法"的地位，以及这些心理情感能量之间应有的或"合法"的交换方式和流向。心理情感能量场无处不在，任何一个心理情感能量场都需要一个能量之间的秩序，否则，该心理情感能量场就会失衡或解体。例如，一个充满了学生与老师的教室，就是一个心理情感能量场。在这个心理情感能量场，好奇心、学习的欲望、探索的欲望、传播知识的欲望、培养学生各项能力的欲望、责任心、义务感、对学生的关爱、对老师的尊重、对课堂秩序的尊重与渴望等心理情感能量应处于主导性地位，这些能量在老师与学生之间顺畅地流动，这是一个教室应有的、"合法"的心理情感能量秩序。又例如，在一个医院的诊室里，医生与病人形成一个心理情感能量场，在这个心理情感能量场中，治病救人的欲望、同情怜悯心、治好病人的成就感、对医生的信任感与依赖感、对病人的关爱等心理情感能量应处于主导性地位，这些能量在医生与病人之间顺畅地流动，这是一个医院、一个诊所、一个诊室应有的、"合法"的心理情感能量秩序。再例如，在一个公共交通设施（公共汽车、火车、地铁、轮船、飞机等）上，乘客、司机、司乘人员形成一个心理情感能量场，在这个心理情感能量场中，对安全的需要应处于绝对主导性的地位，这一心理情感能量充斥这个心理情感能场上的每一个人的内心，对危害安全的心理、言语、行为持零容忍的态度。这是公共交通设施应有的、"合法"的心理情感能量秩序，相关的法律与制度必须坚决、充分地保护这种秩序。

在一个家庭中，情爱、性爱、责任心与义务感等心理情感能量应处于主导地位，这些能量在相关的家庭成员之间顺畅地流动，这是一个家庭应有的、"合法"的心理情感能量秩序。从以上案例的陈述来看，情爱、性爱、责任心与义务感等心理情感能量在阿海的家庭失去了主导性地位，这些能量也没有在相关成员之间流动，或者说流动不畅。阿芳与阿海之间没有性爱与情爱能量的交换，导致阿芳性爱与情爱能量流动方向发生错乱。

第三，阿海家庭心理情感能量场充满了冷漠、失望、嫉妒、怨恨。就冷漠而言，从案例中可以看出，阿海及其两个儿子（特别是大儿子）对阿芳不关心、不体贴，漠视阿芳的社会性与经济性需求。可能由于沟通困难，阿芳在家庭中被边缘化了。这就导致了阿芳心里充满失望、怨恨。心里充满失望、怨恨的阿芳只有向家庭之外寻求安抚、体贴、爱。阿芳与李某的关系导致了阿海的嫉妒。

三、家庭心理情感能量场由失衡到平衡

对绝大多数家庭来说，家庭心理情感能量场在总体和总趋势上是平衡的，但在其漫长的生命周期内，因为各种各样的原因，也会存在失衡的现象。由于家庭心理情感能量场内部存在着自动恢复平衡的机制与动力，所以，绝大部分家庭都能在短期内自动地从失衡中恢复平衡。但也有一些家庭由于各种各样复杂的原因，长期无法自动恢复平衡，需要外部力量的介入。

（一）自动恢复平衡

家庭心理情感能量场自动恢复平衡机制的机理是：任何一个家庭先天存在生存的欲望、爱、责任心。

家庭作为一个整体具有生存的欲望与发展的欲望，这是一种强大的心理情感能量，它来自家庭的每一个成员，因为家庭是家庭成员的最终归属，没有家，人性中的归属感就无法得到满足。尽管人的归属可以分为许多层次，如归属一个工位单位，归属一个社区，归属一个市，归属一个国家与民族，但失去了家庭，人最基本的、最具体的、最终的归属点就没有了。所以，每一个人都在极力维持自己家庭的生存与发展。

在家庭中有自己最亲的人，我们对他们（她们）充满了爱，愿意为他们（她们）承担责任与义务，我们也希望他们（她们）爱我们，为我们承担责任与义务。情爱与血亲之爱互相交织，形成强大的心理情感能量维系家庭的存在。

所以，一般来说，当家庭心理情感能量场失去平衡，面临危机时，都能够自动恢复平衡，度过危机。根据失衡严重程度和家庭成员的特质，每个家庭恢复平衡所

需要的时间会有差异，有时差异会很大；恢复平衡所达到的状态也会有差异，有时差异也会很大。

课题组的调查数据证实了家庭心理情感能量场存在自动恢复平衡机制，具体调查统计结果见表4-1、表4-2、表4-3、表4-4。

表4-1　您的家庭是否能自动从不良情绪中恢复过来（单选题）

选项	小计（个）	比例（%）
A. 完全能	276	42.72
B. 一般的情况下能	359	55.57
C. 不能	10	1.55
D. 未做选择	1	0.15
本题有效填写家庭数	646	—

表4-2　您的家庭（普通家庭）是否能自动从不良情绪中恢复过来（单选题）

选项	小计（个）	比例（%）
A. 完全能	193	40.55
B. 一般的情况下能	274	57.56
C. 不能	8	1.68
D. 未做选择	1	0.21
本题有效填写家庭数	476	—

表4-3　您的家庭（模范家庭）是否能自动从不良情绪中恢复过来（单选题）

选项	小计（个）	比例（%）
A. 完全能	58	49.57
B. 一般的情况下能	57	48.72
C. 不能	2	1.71
本题有效填写家庭数	117	—

表4-4　您的家庭（问题家庭）是否能自动从不良情绪中恢复过来（单选题）

选项	小计（个）	比例（%）
A. 完全能	25	47.17
B. 一般的情况下能	28	52.83
C. 不能	0	0
本题有效填写家庭数	53	—

从对表4-1、表4-2、表4-3、表4-4统计数据的分析来看，只有极少数被调查对象表示自己家庭不能自动从不良的情绪中恢复过来。数据表明，在476个普通家庭中有8个不能自动从不良的情绪中恢复过来，占1.68%；在117个模范家庭有2个不能自动从不良的情绪中恢复过来，占1.71%；而在53个问题家庭中这一数据为零。

特别要指出的是，在476个普通家庭中有193个表示完全能自动从不良的情绪中恢复过来，占40.55%；在117个模范家庭中有58个表示完全能自动从不良的情绪中恢复过来，占49.57%；在53个问题家庭中有25个表示完全能自动从不良的情绪中恢复过来，占47.17%。在现实生活中，这样的案例很多，下面我们引入其中的一个。

案例4-3　阿标家庭心理情感能量场自动恢复平衡

（案例来源：佛山市妇联）

一个美满的家庭从2004年开始谱写，阿标与阿莲在2004年10月，兴高采烈地领取了属于他们两人的结婚证，憧憬着拥有自己的下一代，规划着美好的将来，一切的美好都仿佛在理想与现实中实现着。

2008年1月，他们的爱情结晶小涛诞生了，孩子从呱呱坠地到牙牙学语、蹒跚学步，无时无刻不为这个平凡而幸福的家庭增添着生机与喜庆。

2009年4月的一天，阿莲如往常一样上班，阿标早上便和阿莲说好，傍晚到单位接阿莲，一起参加好友的结婚晚宴。下午5时许，阿标还叮嘱阿莲不要离开，自己马上就过来了。傍晚时分，阿莲一直在看表，就是迟迟未见阿标过来接人，心里忐忑不安。等来等去，直到晚上7时许，阿莲却等来了医院的电话，阿标因车祸送院，情况严重。

经诊治，本来健康壮硕的阿标因车祸沦为一级残疾人，高位瘫痪，腰间以下的肢体失去知觉无法动弹，完全失去劳动力和生活自理能力。阿莲不离不弃，以薄弱的身躯扶持体壮的丈夫，照顾幼小的儿子，可怜当时儿子只有一岁。阿莲不得不辞去原本安定、待遇好的工作，全身心照顾丈夫和孩子。

车祸并没有打破过去圆满家庭的幸福，相反，正因为这个艰苦的难关，考验着这个家庭，他们积极向上，虽有过消极的想法，却从未放弃，他们接受现实，仍憧憬未来，更以一种踏实、乐观的心态面对将来。他们坚信，上帝为你关上一扇门的时候，必定会为你打开另一扇窗。

阿莲深爱阿标，也关爱孩子，阿标亦感激阿莲的不离不弃。他们除了爱情，更浓的是彼此的亲情，那种爱，不是普通、健全的家庭所能体现出来的，那种爱，是一种靠坚强的生命力、强大的凝聚力而产生的。

生活的重担落在阿莲瘦弱的肩膀上，她一方面要照顾生活无法自理的丈夫，一方面又要照顾幼小的孩子，想到困苦，生活的每一天都是那么的漫长，想到将来，孩子一天一天地长大，未来都是希望，最终还是这份执着的希望驱使这个家庭坚强地走下去。

每当走进这个家庭，感受至深的就是他们夫妻浓烈的感情，那份不离不弃的承诺。每一天，阿莲照料丈夫的生活起居，无微不至，刷牙洗脸、洗澡喂食、睡床轮椅间扶上扛下。长期高强度的照料，已致阿莲患上腰椎病，但为着这个家庭，她不敢病倒，只因这个家庭仅靠她这根支柱了。

每天，阿莲把孩子送上校巴，就把丈夫抱上轮椅推到外边晒太阳、散步、歇息，农村的街道并不好走，推着轮椅更是倍感坎坷，阿莲每次都使劲推过每一个坑洼却从未有过半句怨言，每天不定时地为丈夫按摩、伸展，减缓肢体萎缩，这一切都已习以为常。他们不奢望有什么奇迹的出现，只求平安朴实地度过每一天，让这个家庭平淡无华地走下去。

孩子好不容易拉扯大，现在终于读小学了。阿标身残志坚，从不放任孩子的学业，每天放学，阿标总让小涛靠在自己旁边，认真完成作业，每当小涛遇到不懂的功课，阿标总是从旁指导，阿标以自己最擅长的算术能力辅导孩子，而母亲阿莲也紧抓孩子的语文功课和其他科目，看着这一画面，乐也融融。

家庭的美，从不仅仅体现在拥有富足的生活，更体现在面对困苦荆棘仍能屹立不倒，乐观积极地生活。

案例显示，2004 年到 2009 年 4 月，阿标家庭心理情感能量场中充满了幸福、希望、快乐、爱，而且，阿标拥有相对主导的地位，起着相对主导的作用。

但是，2009 年 4 月的某一天，阿标因车祸沦为一级残疾人，高位瘫痪，腰间以下的肢体失去知觉无法动弹，完全失去劳动力和生活自理能力。这一起突发的、严重的不良事件使阿标家庭心理情感能量场突然失去了平衡。阿标家庭心理情感能量场充满痛苦、难过、悲伤、失望和恐慌。

然而，从案例来看，阿标家庭心理情感能量场重新恢复了平衡。在这个过程中，爱与责任感这两种心理情感能量起了核心作用。阿莲深爱阿标、儿子，深爱这个家，愿意为这个家的存在与发展承担责任与义务，付出自己的一切。阿标也深爱阿莲、儿子与自己的家庭。爱与责任感这两股力量使阿莲变得积极向上与坚毅，最终战胜了痛苦、难过、悲伤、失望和恐慌，并在家庭心理情感能量场中取得主导性地位。在这个过程中，阿标家庭勇敢地面对现实，阿标与阿莲进行角色转换，阿莲取代了阿标的角色，行使阿标大部分职能，成为家庭的主导者，在新的家庭架构中重建平衡。

（二）外部力量的介入

从表 4-1、表 4-2、表 4-3、表 4-4 的统计数据来看，无论是普通家庭、模范家庭或是问题家庭，表示完全能自动从不良情绪中恢复过来的家庭占比不超过50%，这就意味着外部力量介入对恢复家庭心理情感能量场平衡具有作用。课题组的调查数据证实了这一点。

当问及"当您的家庭遇到不良事件而充满不良情绪，不能自动从这种不良情绪中恢复过来时，是否需要借助外界的力量以帮助自己家庭从不良情绪中恢复过来？"时，在被调查的646个家庭中，有369个家庭表示需要，占57.12%。其中，476个普通家庭中，有290个家庭表示需要，占60.92%；117个模范家庭中，有57个家庭表示需要，占48.72%；53个问题家庭中，有22个家庭表示需要，占41.51%。

在调查中发现，当家庭遇到不良事件而充满不良情绪且不能自动从这种不良情绪中恢复过来时，人们更愿意从亲戚、朋友、同学那里寻求帮助，以恢复家庭心理情感能量场的平衡，具体调查统计结果见表4-5、表4-6、表4-7、表4-8。

表4-5　对外部力量介入的选择

选项	小计（个）	比例（%）
A. 亲戚	358	55.42
B. 朋友	408	63.16
C. 同学	165	25.54
D. 小区	21	3.25
E. 工会、共青团、妇联	39	6.04
F. 社会组织	48	7.43
G. 其他	9	1.39
H. 未做选择	106	16.41
本题有效填写家庭数	646	—

表4-6　对外部力量介入的选择（普通家庭）

选项	小计（个）	比例（%）
A. 亲戚	278	58.40
B. 朋友	309	64.92
C. 同学	125	26.26
D. 小区	14	2.94
E. 工会、共青团、妇联	19	3.99
F. 社会组织	31	6.51
G. 其他	3	0.63
H. 未做选择	74	15.55
本题有效填写家庭数	476	—

表4-7 对外部力量介入的选择（模范家庭）

选项	小计（个）	比例（%）
A. 亲戚	53	45.30
B. 朋友	67	57.26
C. 同学	29	24.79
D. 小区	5	4.27
E. 工会、共青团、妇联	16	13.68
F. 社会组织	9	7.69
G. 其他	3	2.56
H. 未做选择	24	20.51
本题有效填写家庭数	117	—

表4-8 对外部力量介入的选择（问题家庭）

选项	小计（个）	比例（%）
A. 亲戚	27	50.94
B. 朋友	32	60.38
C. 同学	11	20.75
D. 小区	2	3.77
E. 工会、共青团、妇联	4	7.55
F. 社会组织	8	15.09
G. 其他	3	5.66
H. 未做选择	8	15.09
本题有效填写家庭数	53	—

从表4-5、表4-6、表4-7、表4-8的统计数据来看，介入家庭心理情感能量场的外部力量具有多元性，除了亲戚、朋友、同学外，还有小区，工会、共青团、妇联，社会组织和其他力量。

亲戚是一个血缘性心理情感能量场，如果众多的亲戚居住的地点在空间上比较近，这种血缘性心理情感能量场同时也是地缘性心理情感能量场。在这个心理情感能量场中，存在着多个家庭心理情感能量场。多个家庭心理情感能量场之间重叠与交叉形成一个网络结构，由于具有在场优势与血亲优势，各种心理情感能量会在亲戚这个血缘性、网络性的心理情感能量场中自由而快速地流动，一个家庭心理情感能量场失衡可能会导致整个亲戚心理情感能量场剧烈地振动，产生不同程度的不开心、不快乐、担心、恐慌等不良的心理情感能量，作为利益相关者的亲戚会主动或被动地介入失衡的家庭心理情感能量场，力图使该家庭心理情感能量场恢复平衡。

一般来说，一个人的一生中会有不少的普通朋友，但是不会有太多的好朋友或知心朋友。好朋友或知心朋友在价值观、心理模式、行为模式、学识背景等方面具有相似性，因此，朋友是一个情缘性心理情感能量场，同时还是一个志缘性与学缘性心理情感能量场。志缘（价值观）具有超越性：超越血缘、地缘、学缘、情缘。从表4-5、表4-6、表4-7、表4-8的统计数据来看，当家庭心理情感能量场出现失衡时，多数人会选择将不良的心理情感能量外溢到朋友心理情感能量场，并从朋友心理情感能量场得到建设性或破坏性的心理情感能量。一般来说，建设性的心理情感能量的介入，有利于家庭心理情感能量场恢复平衡。

在小型的城镇中，特别是在农村，社区（村）不仅是地缘性心理情感能量场，同时还是血缘性、情缘性心理情感能量场。但是，在现代化的大城市中，小区（社区）只是一个地缘性心理情感能量场。住在同一个小区的人，一般不存在血缘、情缘、志缘、业缘（同事）等关系。调查数据显示，在646个被调查的家庭中，只有3.25%的家庭表示，当自己的家庭心理情感能量场失衡时会选择小区（社区）作为介入的外部力量。

工会、共青团、妇联与社会组织是介入家庭心理情感能量场的新兴力量，这种新兴力量是城镇化与现代化的产物，它与众多家庭的关系是一种供给与需求关系。工会、共青团、妇联与社会组织，通过提供专业化、精细化、人性化、理性化、保密化的服务与心理情感能量场失衡的家庭建立短期或长期的关系，形成一种新型的心理情感能量场。由于供求双方不存在利益与情感纠葛，这种新型的心理情感能量场也可以被称为"超缘"性心理情感能量场。由于具有专业化、精细化、人性化、理性化、保密化的优势，将会有越来越多的家庭选择工会、共青团、妇联与社会组织作为介入的外部力量。从表4-8的统计数据来看，有22.64%的问题家庭选择工会、共青团、妇联与社会组织作为介入的外部力量。在本章第二部分"阿海的家庭心理情感能量场"的案例中，阿海就积极寻求妇联的介入以恢复其家庭心理情感能量场的平衡。下面我们再引入一个妇联介入心理情感能量场失衡家庭的案例。

案例4-4 妇联介入刘女士家庭心理情感能量场

（案例来源：佛山三水区南山镇妇联妇女儿童权益维护工作站）

一、案由

刘女士，女，57岁，已婚，文盲，南山镇××居委会村民，现居住在南山迳口。事主于2010年10月来镇妇联反映：与丈夫经常吵架，并被丈夫拳打脚踢，现怀疑其丈夫与楼下二楼邻居阿清有婚外情，并受到阿清恐吓。希望妇联调解。

二、个案调处情况

1. 进行家庭背景和社会背景调查

在接访之后，妇联工作人员第一时间进行了入村、入户调查，了解刘女士家庭背景（夫妻感情、子女情况、二楼邻居阿清的情况等）和其在村内口碑（性格、脾气等）。由于其曾经报警处理，我们也向南山镇派出所详细了解了接警处理情况，便于调解时对症下药，有的放矢。

在详细了解了各种背景后，针对存在问题，我们经过讨论，决定先各个突破，换位思考，再整合人员，当面交流、沟通，从深层次使双方冰释前嫌。

2. 调解的详细过程

（1）外围包围中心，各个突破。10月9日，镇妇联维权工作站、居委会、司法所及派出所等一行5人来到刘女士家。根据之前的约定，刘女士、刘女士的丈夫及儿媳妇、孙子均在家。刘女士来维权工作站时我们工作人员已和其有基本的谈话基础，我们决定先从外围着手，看看其亲人的态度。因为不想在小朋友心中留下任何的阴影，于是请刘女士带小朋友到楼下公园玩。我们工作人员则兵分三路，分别和刘女士的丈夫、刘女士的儿媳妇以及邻居阿清分开谈话聊天。

在与刘女士丈夫的谈话中，他充满了无奈，他说自己快60岁的人了，本应是颐养天年的时候，但由于生计的原因，现在还要在外辛苦劳作，回到家已是满身疲累，妻子却在不断寻事滋事，争吵一些子虚乌有的事情，而且还伤害到邻居。他已身心疲惫，准备放弃这段婚姻。

在与刘女士的儿媳妇谈话中，其认为刘女士无事生非，不只是对家公如此，对其他亲人也是如此，每天都会寻事生事，无事找事，小事化大，现在全家人对刘女士都是避之不及，很怕也不喜欢和她说话。儿媳妇甚至准备和丈夫、小孩外出租屋住，也不想面对刘女士。

在与刘女士心中认为的所谓婚外情女人阿清的谈话中，其甚是激愤，发誓绝无此事，而且刘女士如此造谣，已严重影响了她的生活，如果继续下去，她已忍无可忍。

（2）抓住核心人物。通过与各方当事人的谈话，我们发现问题主要出在刘女士身上，她以一个受害者的身份来维权工作站寻找帮助，但当我们经过多方谈话了解后，其问题症结都集中在刘女士身上。为什么会如此呢？我们找来刘女士单独开展谈话。在深入的谈话后，我们发现刘女士其实并没有发现丈夫婚外情的任何证据，一切只是凭空猜想。深层次原因是其长时间和家人不和，认为儿子娶了媳妇忘了娘，丈夫则长期对自己不冷不热，只有通过争吵，丈夫才会和自己多讲几句话。她只不过是想通过不断挑起事端，让丈夫注意到自己。

（3）直面交流，直击重点。发现事件的核心问题后，我们邀请了各方当事人坐下，敞开心扉，坦诚交流。在各方进行陈述前，我们特别强调各方须心平气和，不能恶言相向；夫妻双方轮流发言，必须尊重对方，无论是否认同对方的说法，必须在对方发言完毕之后，才能发言。

我们首先请刘女士发言，让她将心底最真的意思表达出来。当刘女士在陈述中将心底话都表达后，随着她流下的眼泪，她的亲人都由最初的不耐烦变为沉默，我们发现刘女士老公的神情已明显发生了变化。见时机已成熟,我们再请各方陈述。刘女士的老公有些感慨,说是第一次听到原来是这样的原因,以前一直认为是刘女士无理取闹,原来问题是出在自己身上。他向刘女士坦陈了内心的看法,表示自己会多些关心刘女士,但也希望刘女士多体谅自己。儿媳妇也表示由于丈夫多数时间不在家,小孩又小,事实上是很多时候忽略了家婆的存在。邻居阿清由原来的激愤变成了同情,也向刘女士明确表明其与刘女士的丈夫没有任何关系,请她放心。

(4) 坦诚面对,真心疼爱。刘女士听了亲人和邻居的话后,眼泪忍不住地往下流,我们见时机成熟,坦诚地指出了刘女士的问题和症结,希望她以后无论遇到什么样的问题,都不要走极端,应用正确的态度多和家人交流沟通,而不是用这种既伤害亲人又伤害自己的方法来引起亲人们的关注。刘女士点头称是。此时我们把刘女士的孙子叫到她面前,小朋友用小手帮其擦去泪水,说着"奶奶别哭,我最疼奶奶"。刘女士紧紧地拥抱着小孙子,说:"奶奶知道了,奶奶以后再也不哭了。"大家都笑了。这宗家庭矛盾最终得以顺利解决。

三、结案情况

一个月后,镇妇联维权工作站工作人员展开回访,刘女士表示现在家人之间的交流较多,其对丈夫也很放心了。工作人员勉励其继续努力,并且向其表示,维权站的大门永远为其打开,有任何需要和问题可以和我们沟通。刘女士表示深深的感谢。

上述案例显示,刘女士家庭心理情感能量场秩序混乱,爱、关怀维持家庭存在的欲望、推动家庭发展的欲望,责任心与义务感丧失了家庭心理情感能量场的主导性地位,这点可以从案主刘女士及其丈夫、儿子、儿媳妇的言行中可以得以说明。嫉妒、冷漠、怨、恨、焦虑、烦躁、悲伤、失望等心理情感能量弥漫了刘女士的家庭心理情感能量场。

佛山市妇联在介入过程中发现,导致刘女士家庭心理情感能量场失衡的就是刘女士自己。所有家庭矛盾都她所引起,主要矛盾是她与丈夫之间的矛盾。案主刘女士心灵秩序已经由混乱状态发展到负面的、消极的状态。造成这种现象有三个原因。第一,被疏忽。刘女士丈夫已经60多岁了,但依然在外面打拼赚钱,没有很多时间在家,回到家里已经很累,没有太多的精力与心情与案主沟通交流。她的儿子已经成家,并且有自己的孩子,有自己的工作,下班之后自然会把主要精力放到自己老婆与孩子的身上,对此,刘女士感到极度不平衡,是她将儿子养大,现在儿子"娶了媳妇忘了娘"。儿媳妇要带孩子、做家务,再加上婆媳之间天然的疏离感,也没有太多地关照刘女士。从人性的角度来看,刘女士群体性(社会性)需要,即被关注、被关怀、被尊重、被爱的需要没有得到满足。被关注、被关怀、被尊重、被爱的严重缺失会导致人性失去平衡,这种失衡会导致她深感寂寞、怨恨,进而导致生理失常。第二,自卑。案主57岁,文盲,没有收入来源,这种情况会导致其年龄性自卑与经济性自卑。自卑在她的人性组合形态中取得主导性地位,这使她对整日在外、回家不与自己交流的丈夫产生了怀疑,怀疑丈夫嫌自己太老、没有文化而在外面有了婚外情。第三,嫉妒。自己的邻居阿清比自己年轻,她可能会抢了自己的丈夫。

刘女士负面的、消极的心灵秩序直接导致了一系列负面的、消极的行为,其经常与丈夫争吵,无缘无故找家庭其他成员的毛病,对家庭其他成员发火,使家庭情感能量场充满了负性能量,整个家庭处于一种病态。

妇联在介入过程中,深入调查,彻底摸清情况,了解问题产生的根源,抓住核心人物与主要矛盾,让刘女士被关注、被关怀、被尊重、被爱的需要得到满足,让她重获自信心,将其内心中的嫉妒、冷漠、怨、恨、焦虑、烦躁、悲伤、失望等破坏性心理情感能量"清场",进而恢复其人性平衡,重构其心灵秩序,从根本上治疗了这个病态家庭,从而使刘女士家庭心理情感能量场恢复了平衡。从介入的过程与结案的情况来看,佛山市妇联的介入是很成功的。

在这里还需要指出的是,在这个案例中,介入的外部力量不仅有妇联,还有居委会、派出所、司法所等部门工作人员,以及涉案的邻居。

第五章　家庭心理情感能量此消彼长机制

家庭心理情感能量此消彼长机制是指：虽然家庭主导性心理情感能量是爱、责任心、义务感、家庭存在与家庭发展的欲望、互相包容等，但其他的心理情感能量并未离场，其他心理情感能量会轮流上场，甚至在家庭心理情感能量场中取得暂时或短期的主导性地位，有时甚至会取得较长时期的主导性地位，从而形成此消彼长的局面。这种现象的发生有三个动力机制：人生事件、外部事件与家庭机运轮流登场机制，心理情感能量的耗尽与补充机制，边际效应递减机制。

一、人生事件、外部事件、家庭机运轮流登场机制

人生是一个复杂而漫长的过程，在这个过程中会发生许多事件，这些人生事件轮流登场导致了各种不同的心理情感能量轮流登场，并在某一特定时间段取得主导地位，成为家庭心理情感能量场中的主导性能量。

人生事件主要有：生、死、得、失、富、贫、达、穷、聚、散、和、讼、娶、嫁、成、败、老、病、离、急、危、灾、祸、争、骂、咒、斗、打、纠等。我们绝大多数人与绝大多数家庭都要经历这些人生事件的大部分。有时，几件人生事件会同时发生，可能是同类型的，也有可能是不同类型的。每一个人生事件的发生都会引发相应的心理情感能量，使家庭心理情感能量场产生不同程度的波动。随着该人生事件与相关情景的消失，相应的心理情感能量也会让位于其他的心理情感能量。

《周易》中的六十四卦实际上就是六十四种人生状态，这六十四种人生状态伴随着六十四种人生事件。六十四种人生事件会引发六十四种心理情感能量，形成六十四种心理情感能量场。身处不同类型的心理情感能量场中，应采取何种人生态度及如何应对，是《周易》一书的精华所在。

除了人生事件轮流登场外，家庭外部事件也会轮流登场。家庭外部事件主要有三类：第一，亲戚、朋友、邻居、自己所在组织所发生的事件；第二，自己所在小区（社区）、镇（街）、市所发生的事件；第三，国家、国际所发生的事件，包括自然或非自然的事件。我们每一个人都会受到这些事件不同程度的影响，并产生相应的心理情感能量。有些外部事件所引发的心理情感能量会暂时或短期（甚至长期）主导家庭心理情感能量场。

与人生事件、外部事件轮流登场相关的是家庭机运的轮流登场。因为，在绝大

多数情况下，家庭机运与人生事件、外部事件密切相关。在家庭的生命周期内，不同的时期有着不同的机运，不同的机运产生不同的心理情感能量，对家庭心理情感能量场起相对主导的作用，有时会起绝对支配性的作用。

本课题组相关的调查统计数据也能对此进行验证，当问及"喜乐型情绪、悲怜型情绪、恐慌型情绪、嫉妒愤恨型情绪、积极向上型情绪、保守懒惰型情绪、悲观失望型情绪、混合型情绪等，是否在您的家庭中交替出现？"时，有50%左右的被访对象回答"是"或"基本上是"，具体的调查结果见表5-1、表5-2、表5-3、表5-4。

表5-1　各种心理情感能量是否轮流登场

选项	小计（个）	比例（%）
A. 是	109	16.87
B. 基本上是	241	37.31
C. 不是	290	44.89
D. 未做选择	6	0.93
本题有效填写家庭数	646	—

表5-2　各种心理情感能量是否轮流登场（普通家庭）

选项	小计（个）	比例（%）
A. 是	81	17.02
B. 基本上是	189	39.71
C. 不是	202	42.44
D. 未做选择	4	0.84
本题有效填写家庭数	476	—

表5-3　各种心理情感能量是否轮流登场（模范家庭）

选项	小计（个）	比例（%）
A. 是	18	15.38
B. 基本上是	36	30.77
C. 不是	62	52.99
D. 未做选择	1	0.85
本题有效填写家庭数	117	—

家庭心理情感能量场研究

表5-4 各种心理情感能量是否轮流登场（问题家庭）

选项	小计（个）	比例（%）
A. 是	10	18.87
B. 基本上是	16	30.19
C. 不是	26	49.06
D. 未做选择	1	1.89
本题有效填写家庭数	53	—

从表5-1、表5-2、表5-3、表5-4的统计数据来看，在被访的646个家庭中，有290个家庭回答"不是"，占总数的44.89%；在被访的476个普通家庭中，有202个家庭回答"不是"，占总数的42.44%；在被访的117个模范家庭中，有62个家庭回答"不是"，占总数的52.99%；在被访的53个问题家庭中，有26个家庭回答"不是"，占总数的49.06%。这一统计数据似乎表明"家庭心理情感能量此消彼长机制"不具有普遍性，在此，有必要对这一现象做相应的分析与说明。

第一，一般来说，一个家庭的生命周期很长，人生事件、外部事件、家庭机运在家庭生命周期内呈现随意分布的状况。对许多回答"不是"的被访家庭来说，许多的人生事件、外部事件和家庭机运还没有出现，相应的心理情感能量也就不会出现。

第二，不能排除少数极端的例子，即一些家庭的机运一直很好或很差，这一点从表5-3、表5-4的统计数据似乎可以得到某种暗示。

对大多数家庭来说，各种类型的人生事件、外部事件、家庭机运会随着家庭的成长与发展而不断地交替出现，相应的心理情感能量也会交替出现，形成此消彼长的运行机制，下面我们引入一个案例，以便对此做进一步的分析与论述。

案例5-1 小北各类人生事件轮流登场与家庭各类心理情感能量的此消彼长

（案例来源：本课题组成员工作坊实录）

小北今年33岁，婚后育有一子一女，女儿5岁，儿子2岁。她目前任职于一所大专院校，她很喜欢高校教师的职业，正因为如此，才从某单位的高管职务辞职，继续读硕士研究生，从而获得这份工作。小北希望继续攻读博士，以便获得更好的教职，但实现这个愿望面临着诸多的束缚。因为家有两个幼儿，尽管他们的经济条件较优越，已经聘请了保姆，但丈夫工作非常忙碌，她不放心让保姆独自照顾孩子，更何况同一个保姆做不长，基本半年就要换一个。小北的母亲和她同住，但母亲是老实巴交的人，而且容易轻信别人，她对母亲非常不放心，从不敢把孩子交给她带。

小北童年丧父，父亲在她8岁时去世了，她还有一个弟弟，幸好她的姑姑家境殷实，一直供养姐弟俩念书，小北才有今天的成绩。因为母亲太过老实，为了不被人欺负，她从初中开始便成为一家之主。她从初中开始便自己跑各个行政单位开单亲家庭的证明，以此减免部分学费。小北口中的妈妈老实而不中用，有多次上当受骗的经历，也容易被人欺负，凡出现以上情况，都要小北出面为她讨公道。她还记得在她读大学时，母亲曾加入几个讨论是非的妇女中，只是插嘴几句，结果被人扇了耳光，脸都肿起来了，母亲却不敢做声。小北知道后非常生气，带着妈妈和施暴者理论，扬言要报警，并要求对方道歉和赔付医疗费。她的母亲非常容易上商业骗子的当。前几天，她的母亲到菜市场买菜，结果被门口的贩子强卖了800多元的不知名中药材，对方以药材已切不能不买为由，逼迫她以身上的180元全部现金做抵押，回家再拿足够的钱来买药材。小北知道后非常气愤，带着妈妈和小贩理论，最后得以退还全部钱款。这样的身世练就了小北凌厉的性格，她替代母亲成为一家之主，照顾、庇护母亲和弟弟。弟弟性格也较软弱，他上大学时，学校不给他安排宿舍，小北发现其他同学都有，唯独他没有，这有失公道，于是到弟弟的学校讨公道，从而解决了他的住宿问题。

小北的丈夫从事金融行业，收入丰厚，丈夫和她一样，都是家庭甚至整个家族中最出色的成员。他们经过自己奋斗，已经拥有两套房子，价值过千万元，但房子月供3万元，家庭的日常开销也非常大，保姆月薪5000元，儿子幼儿园学费每月近4000元，每月奉养公婆3000元，虽然经济不至于紧张，但也不足以有存款。小北认为她的公婆都是贪财的人，不能体谅他们的艰辛。举个例子，以前每逢过年，她都会给公婆1.3万元的过节费，而两年前的过年，因为刚买了第二套房子，欠了朋友很多借款，手头比较紧张，当年只给了公婆8000元，公婆因此非常有意见，认为小北控制了老公的钱，故意刻薄他们。为此，他们在小北怀孕6个月的时候，在大年初一连续几天和她闹，她当时气得全身发抖，气得腹痛，所幸胎儿平安。她本来和公婆同住，而在经历这些之后，她坚决在生产前，将公婆请走，为此她也和老公吵过。公婆走的当天，婆婆在小区里大哭，责骂她，整个小区的人都知道她是"恶媳妇"，但小北没有后悔这个选择。

小北觉得好不容易把公婆请走，如果她去外地求学，那老公十分可能又会把公婆请回来帮忙，她绝对不能接受这样的事实，这样等于之前所有的努力都白费了，而且再将公婆请走，就更难了。虽然老公说愿意支持她离家读博士，她仍放心不下孩子，但不去读博士，又觉得很不甘心。师长和朋友都建议她先不读博士，她还在犹豫中。

在上述这个案例中，小北先后是两个家庭心理情感能量场的主导者，这与她的性格与能力有着极大的关系。从案例所陈述的事实来看，小北经历的人生事件有死、生、得、失、讼、争、贫、穷、纠、嫁。

"小北童年丧父，父亲在她8岁时去世了，她还有一个弟弟"，父亲的早早过世（死）使她失去了一位最重要的亲人，失去了父爱，失去了在经济上、心理上可以依赖的人，家庭陷入了贫困（贫与穷）的境地，这使她的家庭充满悲伤、痛苦、恐惧、绝望的心理情感能量。

"幸好她的姑姑家境殷实，一直供养姐弟俩念书，小北才有今天的成绩"，这是小北在失去父亲之后的"得"，得到的不仅仅是经济上的支持，还有心理上的依赖以及对未来的希望。这使得她的家庭心理情感能量场在新的起点上获得某种程度的平衡，悲伤、痛苦、恐惧、绝望的心理情感能量逐渐被其他的心理情感能量所取代。

父亲过世，"母亲太过老实"，使小北成了一家之主，她的心理情感能量便成了其家庭心理情感能量场主导性的心理情感能量。案例中描述她的母亲上当受骗，弟弟受到学校不公正的对待，这就引发小北人生中的争、讼、斗这类事件，与争、讼、斗这类事件相伴而生的心理情感能量便是恨、怒、愤、怨等。但是，当这些事件与相应的情景消失之后，恨、怒、愤、怨等心理情感能量便会被其他的心理情感能量所取代。

嫁入夫家之后，她一直在构建自己的小家庭，不断地构筑自己小家庭的经济、政治与心理边界，并成为新家庭心理情感能量场的主导者。

对于小北来说，在新的家庭中，她又经历了嫁、生、得、争、讼、纠等人生事件，相应的心理情感能量也在其家庭心理情感能量场中此消彼长。

二、心理情感能量的耗尽与补充机制

任何一种能量都会被耗尽，只是时间有长有短而已。心理情感能量也不例外，表5-5、表5-6、表5-7、表5-8是本课题组调查数据的统计结果。

表5-5 您或您家庭最悲伤或最失望的情绪持续的时间（单选题）

选项	小计（个）	比例（%）
A. 3年或3年以上	18	2.79
B. 1到2年	69	10.68
C. 半年到1年	68	10.53
D. 3个月到半年	35	5.42
E. 1个月到3个月	70	10.84
F. 半个月到1个月	84	13.00
G. 半个月以内	295	45.67
H. 未做选择	7	1.08
本题有效填写家庭数	646	—

表 5-6　您或您家庭普通的悲伤或失望的情绪持续的时间（单选题）

选项	小计（个）	比例（%）
A. 半个月以上	31	4.80
B. 10 天到半个月	111	17.18
C. 5 到 10 天	71	10.99
D. 2 到 5 天	97	15.02
E. 1 到 2 天	135	20.90
F. 1 天	73	11.30
G. 几个小时	126	19.50
H. 未做选择	2	0.31
本题有效填写家庭数	646	—

表 5-7　您或您家庭最快乐的情绪持续的时间（单选题）

选项	小计（个）	比例（%）
A. 3 年或 3 年以上	96	14.86
B. 1 到 2 年	107	16.56
C. 半年到 1 年	98	15.17
D. 3 个月到半年	37	5.73
E. 1 个月到 3 个月	72	11.15
F. 半个月到 1 个月	87	13.47
G. 半个月以内	145	22.45
H. 未做选择	4	0.62
本题有效填写家庭数	646	—

表 5-8　您或您家庭普通的高兴或得意的情绪持续的时间（单选题）

选项	小计（个）	比例（%）
A. 半个月以上	117	18.11
B. 10 天到半个月	107	16.56
C. 5 到 10 天	73	11.30
D. 2 到 5 天	104	16.10
E. 1 到 2 天	120	18.58
F. 1 天	61	9.44
G. 几个小时	60	9.29

续表 5-8

选项	小计（个）	比例（%）
H. 未做选择	4	0.62
本题有效填写家庭数	646	—

从对表 5-5、表 5-6、表 5-7、表 5-8 统计结果的分析来看，我们可以得出以下几个结论：

第一，一般来说，无论什么样的心理情感能量类型，其所持续的时间都是有限的，都会被消耗殆尽。从表 5-5 来看，45.67% 的个人或家庭其最悲伤或最失望的情绪持续的时间为半个月以内，也就是说，这些个人或家庭最悲伤或最失望的情绪能量在半个月内就被消耗殆尽，被其他的心理情感能量所取代。在 646 个被访对象中，只有 2.79% 的个人或家庭其最悲伤或最失望的情绪持续 3 年或 3 年以上。这样的家庭实际上已经是一种病态的家庭，其心理情感能量场严重失衡，需要外部力量的介入以助其恢复常态，否则对所有家庭成员都会造成严重的伤害，甚至对社会产生不良的影响。至于普通的悲伤或失望的情绪，其所持续的时间更短。从表 5-7、表 5-8 的统计结果来看，快乐、高兴、得意的心理情感能量也是如此。

第二，总体而言，对多数个人或家庭来说，悲伤或失望的情绪持续的时间要短些，说明人们不愿意受到这种消极与破坏性情绪的控制，因为这种情绪会给自己、家庭和其他相关者带来痛苦与不适。趋利避害的欲望使得所有的人都想摆脱这种不良的心理情感能量，从而加速其消耗的速度。快乐、高兴、得意等心理情感能量则相反，其消耗的速度因此变得较慢。从这个角度来看，儒家所主张的"三年之丧"不人道，不合理，也不现实。"三年之丧"意指父母去世子女要服丧三年、哀丧三年（妻子对丈夫、臣对君也是如此），在长达三年时间之内，与快乐相关的事情都被认为不符礼制（服丧期间应"食旨不甘，闻乐不乐，居处不安"）。如此，家庭心理情感能量场就长期处失衡状态，对家庭成员的身心健康极为不利。同时，哀伤、悲痛等心理情感能量的过度消耗，会使人变得麻木不仁。因此，这种制度不人道，不合理，在现代社会也不现实。

第三，当家庭心理情感能量场中的某种或某些主导性能量被消耗时，其他心理情感能量就会取而代之，从而出现家庭心理情感能量此消彼长的现象。

对于任何一个有机体来说，如果维持运转的能量耗尽而没有得到补充，该有机体就会死亡。对一个家庭来说也是如此。维持家庭存在与发展的心理情感能量具有多样性，而且形成一个十分复杂的系统。当维持一个家庭的存在与发展的相关心理情感能量耗尽时，其内部存在的补充机制就会或快或慢地启动，对相关能量进行补充。如果家庭内部的补充机制失效，就需要外部力量的介入。如果外部力量介入也失效，家庭就会解体，家庭心理情感能量场的生命就会终结。

下面我们引入两个案例，以便进一步分析心理情感能量的耗尽与补充机制。

案例 5-2 维持吴先生家庭存在的心理情感能量的耗尽与补充

（案例来源：佛山市三水区大塘镇妇联妇女儿童权益维护工作站）

一、案由

2011年10月10日上午，一个40多岁的中年妇女手里抱着一个约2岁的女孩和一袋衣服，走进大塘镇人力资源和社会保障局（以下简称"镇人社局"）办公大厅，随即将怀中的小女孩和衣服放在镇人社局办公大厅的长凳上，便装打电话，一句话也没说就匆匆离开，然后不知所踪。镇人社局工作人员发现该情况后，立即通知镇妇联，将此事件转介至镇妇联维权工作站处理。

二、个案调处情况

大塘镇妇联维权工作站工作人员接到此案后，立即赶到镇人社局详细了解情况，在接触中发现该小女孩有脑瘫的症状，询问相关情况后，初步判断中年妇女存在遗弃小女孩的嫌疑。随后，工作人员马上打电话报警，在警察来到现场后，试图仔细翻看放在小女孩旁边的一袋衣服寻找线索，发现衣服里面留有一张小纸条，纸条上面写有一个电话号码，工作人员试图拨打纸条上面的电话，但多次拨打都无人接听。经商议，决定先安顿好小女孩再寻求联系小女孩的家人的方法。

1. 应对舆论，安顿遭遗弃的小女孩

此后两天，佛山电视台三水分台、《佛山日报》分别对该事件进行报道，报道在社会中引起了反响及讨论，对镇维权工作站造成了无形压力。

面对压力，镇维权工作站积极应对，考虑到暂未能寻找到小女孩的家人，妇联工作人员与镇敬老院取得联系，将小女孩暂时安顿在镇敬老院，由镇敬老院安排专人临时照顾小女孩，并为其购买了奶粉等食品。

2. 顺藤摸瓜，寻找线索

面对一个无人接听的电话，妇联和公安的工作人员都万分着急，如何帮助小女孩寻找到狠心扔下她的亲人，责令其履行抚养照顾的责任，是当前的迫切问题。

经过进一步深入了解，得知被遗弃的小女孩名叫思思，是一名脑瘫患儿。父亲吴某和母亲莫某是大塘镇某村人，于2009年2月3日登记结婚，夫妻二人刚开始时感情挺好。2009年9月7日生下女儿思思后，两人对女儿百般疼爱，一家三口幸福地生活着。但小思思10个月大时突然连续高烧不退，后被医院诊断为急性肺炎，因医治不及时并最终导致脑瘫。小思思出生时，眼睛大大的，白白净净的，眉清目秀，是一个健康、讨人喜爱的小女孩，如果不是流口水及身体无法自控地摇晃，根本看不出是脑瘫儿。而从走访了解及村民反映中得知，小思思的父亲吴某家庭经济条件不太好，其双亲在吴某尚未成家时已经先后去世，并留下债务。吴某在三水西南某酒楼从事厨房工作，莫某在家中带小孩，全家生计都靠吴某低微的收入维持。

思思患脑瘫后，其父母亲也没有放弃她，带着她四处寻医积极治疗，但迫于经济压力以及治疗效果不明显，吴某狠心丢下母女俩后不知去向。莫某在没有任何的经济来源，又要照顾患脑瘫的女儿的情况下，将小思思带到其大姐家中，让大姐代为照顾小思思，她只身去寻找小思思的父亲。大姐也十分同情妹妹的困境，爽快地答应暂时照顾小思思。但令大姐不解的是，妹妹竟然也失踪了。照顾小思思给大姐一家带来了极大的不便，四处打听也不见其父母的踪影。迫不得已，大姐只好将小思思扔在镇人社局办公大厅。

当我们得知小思思的情况后，立即联系其所在的村委会，发动多方力量一起寻找思思的父母。与此同时，我们也动员思思的亲戚将思思接回家照顾，但却遭到拒绝。

经过多方打听，终于打通了吴某的电话，但吴某在电话里说，"老婆都不要女儿了，我也没办法"，便挂了电话。再打时便不再有人接听。当日上午11时30分，我们就近找到了小思思的外公、外婆，但他们两个人都不愿照看这个孩子，我们吃了闭门羹，无奈之下只能将思思送回镇敬老院。由于镇敬老院主要面向五保老人，没有接收弃婴的职能，只能暂代照顾，小思思的抚养问题终究是要靠其家人解决。

经过反复努力，我们再次拨通了吴某的电话，他说放弃女儿实属迫不得已，在医院听到医生摇头说没有希望的时候，他就放弃治疗了。只是他老婆（莫某）坚持要继续治疗，坚持一段时间后感受到抚养压力，便也放弃女儿了。吴某坦言，夫妻双方感情由此已经走向恶化，家庭已经难以经营下去。

在电话的沟通上，工作人员感受到吴某依然关心女儿，放弃女儿实属无奈。为此，工作人员继续与他探讨有关其女儿的话题，希望通过亲情的呼唤感化吴某。

当问及他小思思好歹是你的亲生骨肉，你又何以忍心轻言放弃她时，吴某说，女儿现在都已经成了一个废人，医生说治好的机会微乎其微，她将永远这样瘫下去，他的压力是其次，但不想见到女儿一辈子都得躺着受折磨。同时，他的家人一个一个地离开他，他的心都已经死了。作为一个厨房工，每个月收入一两千元，整个家都是他支撑着，之前为了给女儿治病，已经花光所有积蓄，还向亲戚朋友借了3万多元，以他目前的经济收入，根本入不敷出，无能为力，很难将女儿抚养好，因而选择了逃避，而且夫妻感情已破裂，离婚已经是必然的选择。

工作人员帮助他分析了整件事情，鼓励他面对现实，回来承担照顾抚养女儿的责任。对于是否离婚及女儿如何抚养，夫妻俩可以协商处理，协议不成的可通过法律途径解决。

在工作人员的耐心劝说下，吴某答应回大塘镇接回女儿，并表达了假如法院将女儿的抚养权判给他，他也会尽抚养责任，养育好女儿。

同时，我们就这事向残联部门了解，小思思这种情况能否评定为残疾，是否可以申请残疾补助，极力为小思思争取更多的资源，帮助这户家庭渡过难关。

三、结案情况

第二天下午2时30分，小思思的父亲吴某从西南坐车回到大塘镇，从镇敬老院工作人员手上接过女儿思思，一再表示给他们带来了麻烦，同时表示会尽力抚养女儿。

近日，我们为此案件做了回访，吴某现在为了照顾女儿在西南红卫街附近租了一间小房子，以摩托搭客为生，维持生计的间隙照顾女儿，同时还与莫某办理离婚手续。

思思经过残联部门的评定，已经拿到一级残疾证，每月享受100元补贴。镇残联已为其申请重度残疾人家庭康复抚养补贴，获批后将可增加每月600元补贴。在思思8岁前，她父母亦可向残联申请全免费的康复治疗。

维持吴先生家庭存在与发展的心理情感能量主要有：爱、责任心与义务感、同情心与怜悯心。

爱是维系家庭存在与发展最重要的心理情感能量。在吴先生的家庭里，首先是思思父母之间相爱，其中包括情爱与性爱，这种爱会派生出关心、抚慰、体贴等心理情感能量与行为；其次，是思思父母对思思的血亲之爱，这种血亲之爱将思思父母紧紧地捆在一起。

在维系家庭存在与发展的心理情感能量系统之中，责任心与义务感具有不可替代的地位与作用。爱、责任心与义务感是人性中的两个独立要素，也是两种独立的心理情感能量，对于一个具体的人来说，两者并不一定存在因果关系。在吴先生的家庭中，首先是思思父母之间互相承担责任与义务的愿望，这种愿望使得思思父母结为夫妻；其次是思思父母对思思承担责任与义务的愿望，这种愿望使得他们生下了思思，一个两人的家庭发展为三人的家庭。

许多人认为在家庭成员之间不存在同情与怜悯，这是一种错误的认识。实际上，同情心与怜悯心这种心理情感能量对家庭的存在与发展不可或缺。因为，当爱、责任心与义务感这两种心理情感能量衰减而无法得到及时的补充时，同情心与怜悯心可能会取而代之而成为维持家庭存在的主导性力量。事实证明，任何一种心理情感能量都会自然衰减。

在案例中，正是因为爱、责任心与义务感、同情心与怜悯心，使得"思思患脑瘫后，其父母亲也没有放弃她，带着她四处寻医积极治疗"，使得思思母亲"在医院听到医生摇头说没有希望的时候"依然"坚持要继续治疗"。

但是随着时间的推移，爱、责任心与义务感、同情心与怜悯心这些心理情感能量一点一点被耗尽，伴随着巨大的经济压力与夫妻之间的矛盾，绝望、推卸责任与义务的欲望、冷漠便在吴先生家庭心理情感能量场中取得了主导性地位，最终导致了思思父亲"狠心丢下母女俩后不知去向"，思思母亲将思思交给其姐姐，"也失踪了"。

一个好端端的家庭就因为爱、责任心与义务感、同情心与怜悯心这些心理情感能的耗尽而处于解体状态。此时，妇联积极行动，开始了十分艰难的介入行动。在这个过程中，以妇联为主导，其他的外部力量还有镇人力资源和社会保障局、派出所、敬老院、村委会。

在这个案例中，工作人员充分利用了各个方面的力量，使复杂的问题得到圆满的解决。深入地讲，工作人员做了两件事情：

第一件事情就是用情感化了吴先生，帮助小思思的父亲吴先生重拾父爱。父爱是血亲之爱，它以质的形式存在于思思父亲的人性之中，具有永恒性。但是，父爱作为一种心理情感能量，则会被消耗殆尽。妇联工作人员就是为思思父亲补充了这种心理情感能量。

第二件事情就是帮助吴先生重拾责任心与义务感，使其愿意继续抚养小思思。妇联在经济上帮助吴先生争取到更多资源（例如，思思经过残联部门的评定，已经拿到一级残疾证，每月享受100元补贴。镇残联已为其申请重度残疾人家庭康复抚养补贴，获批后将可增加每月600元补贴。在思思8岁前，她父母亦可向残联申请全免费的康复治疗），缓解了吴先生的经济压力，维持了吴先生承担责任与义务的信心。一般来说，承担责任、义务的信心与自己所拥有的资源、能力成正比。资源与能力不足，人性中推卸责任与义务的欲望会上升，并在人性组合形态中取得主导性地位，小思思的父母便是如此。

总之，在此之前，吴先生的内心十分纠结，心灵秩序十分混乱，各种心理情感能量互相矛盾与冲突。通过妇联工作人员说情、说理、说法、提供资源，补充并提振了爱、责任心与义务感、同情心与怜悯心等心理情感能量，吴先生的内心不再纠结，心灵秩序得以重建。吴先生与其妻子离婚后，其家庭心理情感能量场在新的起点取得了相对的平衡。

案例5-3　维持阿丽家庭存在的心理情感能量的损耗与补充

（案例来源：佛山市高明区杨和镇妇联妇女儿童权益维护工作站）

一、案由

2010年5月17日上午9时左右，一个满脸惆怅的妇女来到高明区杨和镇妇联办公室求助。细听诉说，该妇女叫阿丽，35岁，广西人，已婚，现在河东居委会紫荆路居住并经营明洋发廊。阿丽与其丈夫吴先生（广西人）于2003年10月8日登记结婚，现有一个3岁的女儿。4年前夫妻接手经营明洋发廊（阿丽出资较多），所得收入夫妻二人都清楚，并共同供房与抚养小孩。近年来，吴先生常常迟归，对家人态度冷淡。阿丽发现其丈夫有外遇，与明洋发廊原洗头女工晴有不寻常关系，阿丽还出示了他们两人的亲密照片，从而引致夫妻不和。

2010年5月16日上午，阿丽与吴先生吵架，吴先生打阿丽致轻微伤，阿丽打电话报了警。公安人员到场处理，了解事情经过后，因阿丽没有足够证据证明吴先生与晴有不寻常的关系，建议阿丽到妇联做调解工作。此后，吴先生向广西本地法院申请离婚。阿丽说，结婚已有差不多7年了，不舍得就此离婚，而且女儿还小，夫妻离婚会不利于女儿健康成长。但是丈夫不长进，也没为她和女儿着想，竟轻易就申请离婚。因此，阿丽求助于妇联，希望妇联协调并教育其夫。

二、个案调处情况

工作人员了解阿丽的意图后，分析认为必须重视吴先生打人的行为，若事件僵持的话，即吴先生想离婚，而阿丽不同意，就会经常发生争执，就有可能导致家庭暴力的经常发生。因此，工作人员马上打电话给吴先生，向他说明打人的严重性，动之以情，晓之以理，让他明白打人、家庭暴力不能解决问题，反而会阻碍问题的解决，从而让他的家庭生活处于水深火热之中，会影响到工作，也会给他们女儿的成长带来很多不良的影响。吴先生承认了自己的错误，表示自己过于冲动，也表示了自己打了妻子后很后悔。他做出承诺，以后在处理家庭问题时，不会再失去理性，不会再出手打人。工作人员与吴先生谈论到他要与妻子离婚的问题，吴先生表示离婚的念头还是有的。工作人员向他详细地说明了其妻阿丽的想法，并希望他看在多年的共同生活、共同奋斗和女儿的份上，重新考虑离婚的决定。最后，吴先生表示，他会心平气和地与妻子商讨。

5月18日，我站约见了夫妇二人。妻子阿丽的精神振作了一些，看上去比昨天显得更加清爽，而丈夫吴先生面带歉意与尴尬。首先，吴先生表示了自己对妻子的歉意。但对于阿丽反映他有外遇的问题，他坚决否认，并表示自己有过那样的念头，但并未付诸实际行动。而他之所以有那样的念头，主要是因为结婚多年来，尤其是自经营发廊以来，妻子对自己变得越来越不信任，经常怀疑自己藏私房钱，对自己也少了关心，多了责备。而阿丽表示，其丈夫说得不对，他和晴明明就很亲密，而且吴先生经常外出。对于钱的问题，她认为自己对钱、日常开销看得紧也是为了家庭，为了女儿将来上学要用钱。两人各持己见，工作人员耐心地跟他们说明，让他们认识到，他们从认识、相恋、组成家庭到生下女儿，是多么不容易，是多大的缘分，他们都应该要珍惜。而家庭的维系，需要他们多沟通，要相互理解与信任。并告诫他们，首先，考虑事情应该要以家庭为重，要慎言慎行；其次要学会换位思考，学会站在对方的立场上想问题，这样，就会少一些争执，多一些和谐，家庭生活就会更和睦，更幸福。

三、结案情况

经过当面对两人的调解，他们互相理解，决定改进对方不满意的做法，维持原来婚姻。阿丽与吴先生也达成初步共识，明洋发廊每月经营收入分配为阿丽得1000元，吴先生得1500元。

在上述这个案例中，阿丽家庭心理情感能量中的爱、责任心与义务感、信任感受到了严重的损耗。

根据阿丽的反映，其丈夫吴先生近年来"常常迟归，对家人态度冷淡"，而且"与原在明洋发廊的洗头女工晴有不寻常关系"。可见，吴先生的爱、责任心与义务感等心理情感能量损耗严重。从案例来看，吴先生相关心理情感能量的损耗与阿丽对其的信任感不足存在很大的关系。阿丽总感觉到自己的地位随时都受到威胁，心里高度紧张。这种心理状态导致她产生了四个行为：一是控制经济支配权，把钱看得很紧；二是怀疑其丈夫藏私房钱；三是怀疑其丈夫用私房钱与另一个女人晴建立不正常关系；四是由于怀疑而对其丈夫"少了关心，多了责备"。这种情况导致其丈夫人性失去平衡，产生了严重的被剥夺感、挫败感和不被信任感，在家庭中得不到妻子的温情，这就导致了案主丈夫"常常迟归，对家人态度冷淡"。家庭这个心理情感能量场充满了令人不愉快的负面能量，妻子与丈夫向家庭心理情感能量场输入的都是负能量，两股负能量不断地互相较量与撕扯，终于爆发了家庭暴力。

维权工作站的工作人员抓住了问题的实质，先了解双方各自的心结，然后让案主与其丈夫面对面坦诚沟通，表达各自内心真实的想法与担忧，使双方重建互相信任的关系，重塑双方的人性组合形态与心理结构，对家庭心理情感能量场中的负能量进行"清场"，双方都向家庭心理情感能量场输入令人愉快的正能量，使爱、责任心与义务感等心理情感能量得到了一定的补充，从而使婚姻得以维持并开始正常运转。

需要特别指出的是，阿丽家庭心理情感能量中的爱、责任心与义务感、信任感等心理情感能量只是受了严重的损耗，而没有耗尽。从案例中可以看出，阿丽依然爱着吴先生，非常希望维持家庭的存在，并时刻为家庭未来的发展着想；吴先生虽然对阿丽心存不满，但也还爱着阿丽，更不用说自己的女儿了。

三、边际效应递减机制

所谓的边际效应递减是指，对于一个人或一个组织来说，当某一类事物达到一定量之后，该类事物持续增长所产生的效应（或效用）就会呈现出逐渐递减的趋势。例如，当一个人每个月只有4000元的收入时，这4000元中每1元都是有用的；当这个人每个月的收入达到7000元，其中一部分钱就会被存入银行，这些存入银行的钱其效用逊于没有存入银行的钱；当这个人每个月的收入达到20000元，他就会有更多的钱存入银行，那些存入银行的钱所产生的效用继续下降，此时，1元钱、10元钱在他眼里就不算什么钱。又例如，当一个人第一次获得奖励时，他会很高兴；当他第二次获得奖励时，其高兴的程度就会下降；当他第三次获得奖励时，其高兴的程度就会进一步下降；随着他获得奖励次数的再度增加，他就会变得麻木。

边际效应递减机制同样适用于家庭心理情感能量场。对于一个家庭来说，同一类事件连续发生，其产生的相应的心理情感能量呈现递减趋势。其中，起重要作用的是耐受机制、疲劳机制、能量耗尽机制。

对于一个人或一个家庭来说，如果令人高兴的同类事件连续发生且达到一定量之后，疲劳机制与能量耗尽机制就会启动，这类令人高兴的事件所产生的相应的心理情感能量就会逐渐递减，本课题组相关的调查数据证实了这一点，当问及"请认真回忆一下，当一件令您或您家人高兴的事，以同样的方式与同样的程度重复两次或三次，您或您家人高兴的情绪会如何？"时，在646个被访家庭中有34.06%的被访者的回答是"一次比一次减弱"，具体调查结果统计数据见表5-9、表5-10、表5-11、表5-12。

表5-9 两次或三次同类高兴事件产生高兴情绪效应调查

选项	小计（个）	比例（%）
A. 一次比一次增强	171	26.47
B. 一次比一次减弱	220	34.06
C. 每一次都一样	252	39.01
D. 未做选择	3	0.46
本题有效填写家庭数	646	—

表5-10 两次或三次同类高兴事件产生高兴情绪效应调查（普通家庭）

选项	小计（个）	比例（%）
A. 一次比一次增强	137	28.78
B. 一次比一次减弱	147	30.88
C. 每一次都一样	190	39.92
D. 未做选择	2	0.42
本题有效填写家庭数	476	—

表5-11 两次或三次同类高兴事件产生高兴情绪效应调查（模范家庭）

选项	小计（个）	比例（%）
A. 一次比一次增强	23	19.66
B. 一次比一次减弱	52	44.44
C. 每一次都一样	41	35.04
D. 未做选择	1	0.85
本题有效填写家庭数	117	—

表5-12 两次或三次同类高兴事件产生高兴情绪效应调查（问题家庭）

选项	小计（个）	比例（%）
A. 一次比一次增强	11	20.75
B. 一次比一次减弱	21	39.62

续表 5-12

选项	小计（个）	比例（％）
C. 每一次都一样	21	39.62
本题有效填写家庭数	53	—

在此，有必要对表 5-9、表 5-10、表 5-11、表 5-12 的统计数据做以下说明：

第一，从表 5-9、表 5-10、表 5-11、表 5-12 的统计数据来看，在 646 个被访家庭中，回答"一次比一次增强"的有 26.47％，其中普通家庭中有 28.78％，模范家庭中有 19.66％，问题家庭中有 20.75％；在 646 个被访家庭中，回答"每一次都一样"的有 39.01％，其中普通家庭中有 39.92％，模范家庭中有 35.04％，问题家庭中有 39.62％。两者统计结果相加远高于"一次比一次减弱"的家庭的统计结果。这一统计结果并不能否定边际效应递减机制（原理），只能说明，每一个人或每一个家庭对同类高兴事件的疲劳度或疲劳点不同。对于一些个人或家庭来看，令人高兴的同类事件出现两次，其所产生的高兴情绪就会下降；对另一些个人或家庭来说，则要达到更多的次数之后，才会下降。当然，也会有个别的个人与家庭例外。

第二，从表 5-10、表 5-11、表 5-12 的统计数据来看，对于令人高兴的同类事件连续发生，普通家庭的疲劳点要远低于模范家庭与问题家庭。

同样，对于一个人或一个家庭来说，如果令人沮丧的同类事件连续发生且达到一定量之后，耐受机制与能量耗尽机制就会启动，这类令人沮丧的事件所产生的相应的心理情感能量就会逐渐递减，当问及"请认真回忆一下，当一件令您或您家人沮丧的事，以同样的方式与同样的程度重复两次或三次，您或您家人沮丧的情绪如何？"时，在 646 个被访家庭中，有 40.71％ 的被访者回答"一次比一次减弱"，详细情况见表 5-13、表 5-14、表 5-15、表 5-16。

表 5-13 两次或三次同类沮丧事件产生沮丧情绪效应调查

选项	小计（个）	比例（％）
A. 一次比一次增强	174	26.93
B. 一次比一次减弱	263	40.71
C. 每一次都一样	205	31.73
D. 未做选择	4	0.62
本题有效填写家庭数	646	—

表 5-14　两次或三次同类沮丧事件产生沮丧情绪效应调查（普通家庭）

选项	小计（个）	比例（%）
A. 一次比一次增强	134	28.15
B. 一次比一次减弱	186	39.08
C. 每一次都一样	153	32.14
D. 未做选择	3	0.63
本题有效填写家庭数	476	—

表 5-15　两次或三次同类沮丧事件产生沮丧情绪效应调查（模范家庭）

选项	小计（个）	比例（%）
A. 一次比一次增强	26	22.22
B. 一次比一次减弱	57	48.72
C. 每一次都一样	33	28.21
D. 未做选择	1	0.85
本题有效填写家庭数	117	—

表 5-16　两次或三次同类沮丧事件产生沮丧情绪效应调查（问题家庭）

选项	小计（个）	比例（%）
A. 一次比一次增强	14	26.42
B. 一次比一次减弱	20	37.74
C. 每一次都一样	19	35.85
本题有效填写家庭数	53	—

在此，须对表 5-13、表 5-14、表 5-15、表 5-16 的统计数据做以下分析与说明：

第一，在 646 个家庭中，回答"一次比一次增强"的有 26.93%，其中普通家庭中有 28.15%，模范家庭中有 22.22%，问题家庭中有 26.42%；在 646 个家庭中，回答"每一次都一样"的有 31.73%，其中普通家庭中有 32.14%，模范家庭中有 28.21%，问题家庭中有 35.85%。两者相加远高于回答"一次比一次减弱"的家庭。这一统计结果并不能否定边际效应递减机制（原理），只能说明，每一个人或每一个家庭对同类沮丧事件的耐受度或耐受点不同。对于一些个人或家庭来说，令人沮丧的同类事件出现两次，其所产生的沮丧情绪就会下降；对另一些个人或家庭来说，则要达到更多的次数之后，才会下降。

第二，从表 5-14、表 5-15、表 5-16 的统计数据来看，对于令人沮丧的同类事件连续发生，模范家庭的耐受点最高，普通家庭居第二，问题家庭排最后。

边际效应递减机制是导致家庭心理情感能量此消彼长的重要因素。例如，有极少数的家庭机运极好，总是好事一件接着一件，但是随着好事不断增加，这些好事给这些家庭带来的快乐、幸福、满足等心理情感能量就会逐步递减，这些能量也会消耗殆尽，最后对好事的感觉变得麻木，家庭内部一点小小的争吵、损失、挫折或家庭外部不良的事件（不管是什么类型与程度），都会引起家庭成员的痛苦、不安、失望等心理情感能量，从而引起家庭心理情感能量此消彼长。对于机运极差的少数家庭来也是如此，接连不断的坏事会增强这些家庭对坏事的耐受度，随着时间的推移，这类坏事给家庭成员带来的沮丧、痛苦、不安、失望等心理情感能量就会递减，这些心理情感能量也会消耗殆尽，最后对坏事的感觉变得麻木，家庭内部一点点成就、收获或家庭外部良性事件（不管是什么类型与程度），都会引家庭成员高兴、愉快、幸福、满足等心理情感能量，从而引起家庭心理情感能量此消彼长。

总之，家庭心理情感能量在总体上与总趋势上是相对平衡的，每一个家庭心理情感能量场会根据自身的实际情况自动或半自动地分配、调节这些能量。

第六章　家庭心理情感能量外溢与阻断机制

每一个家庭成员都是家庭心理情感能量的载体，家庭心理情感能量会随着家庭成员在空间的移动而移动，这就决定了家庭心理情感能量的外溢性。家庭成员会把家庭心理情感能量外溢到自家的小汽车上，外溢到汽车的方向盘上，外溢到汽车的油门上与刹车上，也会把家庭心理情感能量外溢到办公室与任何一个公共空间。每一件家庭事件都内含了相关的心理情感能量，作为信息的家庭事件具有高度的流动性，也导致了家庭心理情感能量的外溢。从家庭外溢出来的心理情感能量会对相关的心理情感能量场及在场的个体产生建设性或破坏性的影响。

同时，由于人性与家庭本性中存在着趋利避害的机制以及家庭心理情感能量场边界的约束，在许多情况下，家庭成员会自动阻断家庭心理情感能量的外溢。

一、家庭心理情感能量外溢机制

家庭心理情感能量外溢机制包括三个部分：自然外溢、主动外溢、被动外溢。

（一）自然外溢

家庭事件的传播者可能是家庭成员，也可能不是家庭成员，而是社会上的相关组织（机构）。家庭事件的传播也有可能是事件的自然流动。我们将由家庭事件自然流动而引发的家庭心理情感能量的外溢称之为自然外溢。不同类型的家庭事件向外溢出不同类型的心理情感能量。

1. 积极型家庭事件向外溢出积极型心理情感能量

一般来说，积极型家庭事件向外溢出积极型心理情感能量，给人提供快乐、幸福、上进等心理情感能量。当问及"您的好朋友家、亲戚家（关系近）有人考上理想的大学、结婚等喜事时，您与您的家庭感受如何？（多选题）"时，646个被访家庭中有537个回答"高兴"，占83.13%。具体调查统计结果见表6-1、表6-2、表6-3、表6-4。

表6-1 对好朋友家、亲戚家（关系近）积极型家庭事件的感受

选项	小计（个）	比例（%）
A. 高兴	537	83.13
B. 有些嫉妒	57	8.82
C. 有压力	111	17.18
D. 羡慕	274	42.41
E. 恨	11	1.70
F. 没有感觉，无所谓	88	13.62
G. 未做选择	5	0.77
本题有效填写家庭数	646	—

表6-2 对好朋友家、亲戚家（关系近）积极型家庭事件的感受（普通家庭）

选项	小计（个）	比例（%）
A. 高兴	405	85.08
B. 有些嫉妒	30	6.30
C. 有压力	80	16.81
D. 羡慕	200	42.02
E. 恨	3	0.63
F. 没有感觉，无所谓	74	15.55
G. 未做选择	2	0.42
本题有效填写家庭数	476	—

表6-3 对好朋友家、亲戚家（关系近）积极型家庭事件的感受（模范家庭）

选项	小计（个）	比例（%）
A. 高兴	97	82.91
B. 有些嫉妒	15	12.82
C. 有压力	17	14.53
D. 羡慕	44	37.61
E. 恨	8	6.84
F. 没有感觉，无所谓	10	8.55
G. 未做选择	1	0.85
本题有效填写家庭数	117	—

表6-4 对好朋友家、亲戚家（关系近）积极型家庭事件的感受（问题家庭）

选项	小计（个）	比例（%）
A. 高兴	35	66.04
B. 有些嫉妒	12	22.64
C. 有压力	14	26.42
D. 羡慕	30	56.60
E. 恨	0	0
F. 没有感觉，无所谓	4	7.55
G. 未做选择	2	3.77
本题有效填写家庭数	53	—

为了说明问题，我们需要对表6-1、表6-2、表6-3、表6-4的统计数据进行深入分析：

第一，积极型、建设性的家庭事件向外溢出的主要是积极型、建设性的心理情感能量。好朋友家、亲戚家（关系近）积极型、建设性的家庭事件向相关者溢出主导性心理情感能量是"高兴"，其中，有85.08%的普通家庭感到高兴，有82.91%的模范家庭感到高兴，有66.04%的问题家庭感到高兴。课题组的调查数据还显示，同事（关系一般）或邻居家（关系一般）积极型、建设性的家庭事件向相关者溢出主导性心理情感能量也是"高兴"，只是比例相对变小了，在646个被访家庭中，有406个感到高兴，占62.85%，其中，有61.34%的普通家庭感到高兴，有71.79%的模范家庭感到高兴，有56.60%的问题家庭感到高兴。

第二，从人性的角度来看，当某一人性要素在人性的组合形态中取得主导性地位时，其他的人性要素还"在场"，并发挥着相应的作用。人性以质的形式存在，情感以量的形式存在。人性诸要素是种子，人的各种情感就是由这些种子生发而来。只要一个人存在着，这些种子就存在着，只要有合适的土壤，这些种子就会生发。因此，当"高兴"成为一个人的主导性情感时，很有可能伴随着嫉妒、压力、羡慕、恨，这一点可以从表6-1、表6-2、表6-3、表6-4的统计数据得到证明。至于其形成机制，则十分复杂。

第三，从表6-2、表6-3、表6-4的统计数据来看，好朋友家、亲戚家（关系近）积极型、建设性的家庭事件向问题家庭溢出的"高兴"心理情感能量远比不上普通家庭与模范家庭，而向问题家庭溢出的"嫉妒""压力""羡慕"等心理情感能量则远高于普通家庭与模范家庭。这一现象值得进一步深入研究。

2. 消极型家庭事件向外溢出消极型心理情感能量

一般而言，消极型的家庭事件向外溢出消极型心理情感能量。当问及"您的好朋友家、亲戚家（关系近）夫妻吵架、遭遇不幸时，您与您的家庭有何感受？"（多选题）时，回答"难过"的受访者占了大多数，具体调查统计结果见表6-5、表6-6、表6-7、表6-8。

表6-5　对好朋友家、亲戚家（关系近）消极型家庭事件的感受

选项	小计（个）	比例（%）
A. 高兴	30	4.64
B. 难过	552	85.45
C. 没有感觉，无所谓	95	14.71
D. 未做选择	7	1.08
本题有效填写家庭数	646	—

表6-6　对好朋友家、亲戚家（关系近）消极型家庭事件的感受（普通家庭）

选项	小计（个）	比例（%）
A. 高兴	18	3.78
B. 难过	409	85.92
C. 没有感觉，无所谓	66	13.87
D. 未做选择	7	1.47
本题有效填写家庭数	476	—

表6-7　对好朋友家、亲戚家（关系近）消极型家庭事件的感受（模范家庭）

选项	小计（个）	比例（%）
A. 高兴	10	8.55
B. 难过	101	86.32
C. 没有感觉，无所谓	14	11.97
本题有效填写家庭数	117	—

表6-8　对好朋友家、亲戚家（关系近）消极型家庭事件的感受（问题家庭）

选项	小计（个）	比例（%）
A. 高兴	2	3.77
B. 难过	42	79.25
C. 没有感觉，无所谓	15	28.30
本题有效填写家庭数	53	—

一个家庭的消极型事件有许多，这里我们用"夫妻吵架""遭遇不幸"来指代。从表6-5、表6-6、表6-7、表6-8的统计数据来看，在646个被访者中，

当其好朋友家、亲戚家（关系近）夫妻吵架、遭遇不幸时，有85.45%的人会感到"难过"，其中，有85.92%的普通家庭会感到"难过"，有86.32%的模范家庭会感到"难过"，有79.25%的问题家庭会感到"难过"。当问及"您的同事家（关系一般）或邻居家（关系一般）夫妻吵架、遭遇不幸时，您与您的家庭有何感受？"（多选题）时，回答"难过"的人数下降，上述比例分别变成了73.68%、73.74%、76.07%、67.92%。而当问及"您的同事家（关系不好）或邻居家（关系不好）夫妻吵架、遭遇不幸时，您与您的家庭有何感受？"（多选题）时，回答"难过"的人数进一步下降，上述比例分别变成了56.81%、55.04%、62.39%、60.38%。

表6-5、表6-6、表6-7、表6-8的统计数据同时也显示，一个家庭消极型事件也会向外溢出积极型的心理情感能量，在646个被访者中，当其好朋友家、亲戚家（关系近）夫妻吵架、遭遇不幸时，有4.64%的人会感到"高兴"，其中，3.78%的普通家庭会感到"高兴"，有8.55%的模范家庭会感到"高兴"，有3.77%的问题家庭会感到"高兴"。当问及"您的同事家（关系一般）或邻居家（关系一般）夫妻吵架、遭遇不幸时，您与您的家庭有何感受？"（多选题）时，回答"高兴"的人数有所下降，上述比例分别变成了2.32%、2.1%、3.42%、1.89%。而当问及"您的同事家（关系不好）或邻居家（关系不好）夫妻吵架、遭遇不幸时，您与您的家庭感有何感受？"（多选题）时，回答"高兴"的人数在总体上有所上升，上述比例分别变成了5.11%、4.83%、5.13%、7.55%。

根据上述统计数据，我们可以得出四个结论：

第一，总体而言，家庭消极型事件向外溢出消极型心理情感能量，关系越好，对溢出的消极型心理情感能量感受越强烈，反之亦然。

第二，一个家庭的消极型事件可能会使另外一个家庭或多个家庭感到高兴，对另外一个家庭或多个家庭的心理情感能量场运行具有建设性的作用。当一个家庭好事连连，必然引起一些相关家庭的嫉妒，甚至怨恨，一旦该家庭发生消极型事件，这些家庭便会感到高兴。

第三，一个家庭的消极型事件可能会使另外一个家庭或多个家庭既感到难过，也感到高兴。这种现象形成的机理比较复杂。

第四，由于各种原因，有一部分家庭会自动阻断外部消极心理情感能量的渗入。他们对好朋友家、亲戚家（关系近）消极型家庭事件"没有感觉，无所谓"，更不用说对关系一般的同事家、邻居家或关系不好的同事家、邻居家的消极型家庭事件了。

（二）主动外溢

由于血缘关系，一个家庭心理情感能量场与另一些家庭心理情感能量场之间形成交叉与重叠；由于情缘、业缘及地缘关系，在巨大的心理情感能量场的网络结构中，离一个家庭心理情感能量场最近的就是朋友、同事、同学与邻居的家庭心理情感能量场。一个家庭与这些家庭是利益相关者,家庭或家庭成员会主动将家庭心理情感能量外溢到这些家庭,使各种心理情感能量在这些利益相关者之间流动。当问及"当您或您家庭遇上喜事或遭遇不幸时,您或您的家人会主动将事情告诉他人(朋友、亲戚、同事或邻居)吗?(单选题)"时,在646个被访者中有340个回答"会",占被访者的52.63%。

在主动外溢的家庭心理情感能量中,有积极的,也有消极的,这些心理情感能量的外溢有着不同的动因。

1. 积极心理情感能量外溢的动因

家庭积极心理情感能量的类型主要有两种:一是由积极家庭事件产生的,二是由人性或家庭本性主导性组合形态所产生的。这两种心理情感能量外溢的动因存在着很大的区别。

所谓的积极的家庭事件,实际上就是我们所说的家庭喜事。当问及"当您或您家庭遇上喜事时,您或您的家人主动将事情告诉他人(朋友、亲戚、同事或邻居),是因为什么?(多选题)"时,在646个被访对象中,有576个回答"想分享快乐",占被访对象的89.16%,详情见表6-9。

表6-9 积极心理情感能量外溢的动因

选项	小计(个)	比例(%)
A. 想分享快乐	576	89.16
B. 想炫耀	112	17.34
C. 其他	24	3.72
D. 未做选择	3	0.46
本题有效填写家庭数	646	—

所谓的家庭喜事主要有生、得、富、达、聚、和、娶、嫁、成等。当这些喜事发生时,在经过权衡之后,家庭及其成员会主动将这些喜事的相关信息告诉自己的亲戚、朋友、同事或邻居。从表6-9来看,这样做的动因有两个:一是"想分享快乐",二是"想炫耀"。

分享快乐是人性的构成要素,也是家庭本性的构成要素。从表6-1、表6-2、表6-3、表6-4的统计数据及其他相关数据来看,一个家庭的喜事确实可以给其亲戚、朋友、同事与邻居带来快乐,而且这种快乐在家庭心理情感能量场的正常运行中起了很大的作用,因为,从本质上来说,任何一个家庭都是一个心理情感能量的输入与输出系统。如果没有外部心理情感能量的输入,其自身的心理情感能量可能就会枯竭。

炫耀也是人性与家庭本性的构成要素,从表6-1、表6-2、表6-3、表6-4

的统计数据及其他相关数据来看，一个家庭的喜事除了可以给其亲戚、朋友、同事与邻居带来快乐外，也可能会给其亲戚、朋友、同事与邻居带来嫉妒、羡慕、压力与恨，这也正是炫耀的深层动因。在某种情景下，他人对自己与自己家庭的嫉妒、羡慕与恨可以给自己与自己家庭带来快乐感与幸福感。而这些心理情感能量对促进家庭的成长与发展具有十分重要的作用。

关于第二种家庭积极型心理情感能量外溢的动因，我们可以引入两个案例进行分析。

案例6-1　陈乃珍家庭心理情感能量的外溢

（案例来源：佛山市妇联）

陈乃珍住在城北社区，是一名普通的居民，拥有着一个幸福的三口之家。陈乃珍的家庭没有什么轰轰烈烈的事迹。多年来，陈乃珍夫妻和睦，女儿热情上进、勤奋好学，受到了附近居民的一致称赞和好评。

1. 夫妻和睦，互相尊重，坦诚相待

家里的大事小事，家庭管理的重担几乎全部压在了陈乃珍的肩上。但她从无怨言，默默为家奉献，承担着教育女儿的责任。平时两口子生活上相互关心、相互尊重，工作上相互理解、相互支持，互帮互学，共同进步。自他们结婚以来，家里总是充满着和谐的气氛，笑声不断，得到街坊邻里的羡慕和赞扬。

"学会理解和包容，要懂得感恩，进行换位思考，每一个人都不容易。"这是陈乃珍感悟最深的一句话。在他们结婚的22年中，夫妇之间，始终注意尊重对方，做到相互理解。一家人相处，相互之间免不了有些摩擦，但陈乃珍能够用她那颗热爱家庭、关爱家人，希望老人安康、女儿健康向上的善良之心，真诚对待家庭中的每一位成员，使这个家庭成为人们羡慕的和谐家庭。

2. 全心投入，注重女儿的身心教育

"我们两个始终把对孩子的教育放在第一位，坚信家长是孩子的第一任老师，家庭是孩子的第一所学校。在教育子女问题上，全家和孩子相处得就像知心朋友。作为家长，不仅要给孩子传授知识，更重要的是传递一种乐观自信的人生态度，让孩子在快乐中成长，注重孩子综合素质的提高，同时坚信身体是革命的本钱，从小就带着小孩经常运动，锻炼身体，现在孩子养成了热爱运动的良好的生活习惯。"陈乃珍介绍说。在全家的精心培养下，其孩子现在是一名大学生。温馨和睦、平等互助的家庭环境，使其孩子从小养成了尊老爱幼的习惯。

3. 关爱小孩和老人，热心公益活动

城北社区的假日学校活动是本社区的特色假日学校，假日学校的开办，实现了学生放假不放教、放学不放育，学生开心，家长放心，特别是为外来务工人员家庭解决了学校放假孩子无人管的困惑，受到社区居民、学生家长的好评和赞誉。每年暑假，陈乃珍都会跟女儿腾出时间，一起到假日学校做志愿者。教小朋友做手工，跟他们一起玩游戏。陈乃珍的女儿是个大学生，言传身教，寓教于乐，教会小朋友各种知识，为小朋友带来了无限的乐趣。

陈乃珍也经常会联合城北社区的工作人员带领假日学校的志愿者、学生及其家长一同前往佛山市福利院，尽己之力献上一份别致的爱心。虽然陈乃珍的家庭并不富裕，但是她也会尽自己的绵薄之力买上各种小礼物给老人家，慰问老人家，给老人表演节目，和老人讲讲话，听听老人们老一代的故事，让他们感受家一般的温暖。

4. 崇尚环保，勤俭持家

陈乃珍夫妇非常注重公益，如公共场所的卫生及绿化工作等环保问题。在孩子很小时，她们就注重树立她的环保意识。从小教育孩子要珍惜粮食，不浪费，洗完手要及时关闭水龙头，没人的时候及时关灯，平时女儿上学时的作业本反面变成2次纸张使用。平时的洗菜水可以用来浇花、冲厕所。这样一来可以节省不少的水电资源，虽然都是小事，但是汇集起来就是大大的节省。

从上述案例来看，陈乃珍是其家庭的主导者。在陈乃珍的人性组合形态中，爱、群体性、承担社会责任的欲望、自我实现的欲望处于主导性地位。正是因为陈乃珍是其家庭的主导者，陈乃珍的人性组合形态便成了其家庭本性的组合形态。这种主导性的人性组合形态派生出一系列相关心理情感能量，这些心理情感能量推动陈乃珍及其家庭成员采取一系列相关的行动，如案例中提到，"夫妻和睦，互相尊重，坦诚相待"，"学会理解和包容，要懂得感恩，进行换位思考"，"全心投入，注重女儿的身心教育"，"关爱小孩和老人，热心公益活动"，"崇尚环保，勤俭持家"。

可见，陈乃珍家庭心理情感能量场积极的能量十分饱满，并不断地向外溢出，给街坊邻居、所在社区带来快乐，提供榜样。

案例6-2　吴芳仪家庭心理情感能量外溢

（案例来源：佛山市妇联）

以友爱照亮人间，用真情传递温暖。桂城街道江滨社区的李明和吴芳仪夫唱妇随，孝老爱亲，关心照顾邻里，热心社区事务，乐于奉献。他们凭着朴素与善良的心，是"最美家庭"最好的诠释。

1. 互敬互爱，和谐为家，弘扬家庭美德

吴芳仪夫妇结婚40年来，在生活中相互照顾、相互帮助，有困难共同面对，从来没有因为生活琐事而吵架。他们认为，只要互相站在对方的角度来看待事物、思考问题，那就没有什么事情是解决不了的。常言道："成功男人的背后一定有一个贤惠的女人支持。"早年明叔在广州上班，家里的事情无暇顾及。为了不让明叔被家中事务分心，芳姨除了做好本职工作外，主动承担了照顾小孩、做家务等琐碎事情，家里家外操持得有条不紊。芳姨既是家中的贤内助，更是明叔努力工作的坚强后盾。明叔的儿子是个体户，儿媳妇是自由职业者，同时是大圩社区的居民代表，经常参与社区事务和志愿服务，两人感情融洽，是街坊眼中的模范夫妻。明叔的孙子品学兼优，是学校的三好学生，课余还学习围棋、电子信息学、跆拳道、爵士鼓等。每个周日都是他们的"家庭日"，饮茶、逛街、旅游观光……吴芳仪一家乐也融融，令人美慕。在这个家庭里，虽然每个人各自的性格、文化、志趣有所差异，但是家庭中很少出现矛盾冲突，大家都能互相体谅，宽容谦让，形成了互相理解、尊重、平等、关爱的文明家风。

2. 热心公益，助人为乐，邻里和睦

每逢周一、三、五的晚上，江滨社区活动中心内都人头涌动，舞影飘飘。原来是江滨社区国标舞队队长吴芳仪带领队员在开展义教活动。

20年前，吴芳仪夫妇重拾年轻时的爱好，自费到佛山找老师学习国标舞。后来他们不仅自己练舞，还带动更多街坊加入。自2005年至今，吴芳仪十年如一日，自发在社区活动中心内义务教导社区居民学习交谊舞。她把数十对"舞林新丁"引入门，分文未取，大家都认识这位热心肠的"吴大姐"。经过十年的发展，吴芳仪与队员成立了一支国标舞队，经常代表社区出赛，屡获殊荣。

此外，吴芳仪夫妇还是社区党员志愿者，经常参与社区志愿服务。每逢节日，她都会与社区志愿者一起，到困难户家中、高龄党员家中慰问，了解他们的生活状况，心系群众。他们还获得市、街道的多次表彰奖励，如"桂城街道十大熟面孔""优秀志愿者家庭""优秀义工家庭""优秀共产党员"等。

3. 发挥余热，义务巡逻，共建家园

2013年4月，为改善人员杂、治安乱、无物管、难管理的情况，江滨社区居委会发起成立社区志愿巡逻队，组织社区老党员利用业余时间参与社区管理，改善社区环境。成立初期，社区工作人员主动找到了老党员骨干吴芳仪和丈夫李明带头加入巡逻队，并带头"游说"其他老党员们一起加入。

每逢周四，吴芳仪夫妇就带领巡逻队带上"红袖章"巡逻，认真执行"公务"。检查社区的治安、卫生问题，认真聆听居民需求，及时解决邻里纠纷。发现问题、得到居民反映的意见和建议，就及时在"社区民情记录簿"中记录，结束后互通情况、讨论解决方案，并通报社区居委会。"很开心能够为群众办事，虽然不是什么大事，但小事情能够得到解决我们都很舒服、很开心。社区的安全很重要，既然自己是一名党员，那就有责任在这方面做出自己小小的贡献。"芳姨感慨地说道。

过往社区车辆占用公共通道问题严重，吴芳仪带着队员第一时间找到车辆的主人，不厌其烦地做说服工作，长期坚持下来很多居民都不好意思了，只好自觉将车辆停放到规定的地方；地处社区偏僻的楼宇，由于没有设公共垃圾桶，很多住户门前垃圾桶不能及时清理，吴芳仪发现后及时向社区居委会反映；炎炎夏日，河堤边常有少年野游，吴芳仪马上联系家长强调安全问题……就这样，吴芳仪夫妇从默默无闻到逐渐被社区熟知，巡逻队员也"吸引"了越来越多的志愿者自发加入，如今的巡逻队已经发展成了11人的队伍。居民在生活中遇到困难、纠纷总是第一时间想到他们，他们成了"社区之宝"。

一个社区就是许多家庭心理情感能量场构成的网络型心理情感能量场。在这个网络型心理情感能量场中，一个家庭的心理情感能量一旦外溢，就会迅速地传导到其他家庭心理情感能量场。一个家庭溢出不同类型的心理情感能量，对其他家庭与整个社区会产生不同的影响。

在上述案例中，吴芳仪家庭中积极的、建设性的心理情感能量十分饱满，这是积极的、建设性的心理情感能量外溢的基础与前提。从案例中可以看出，吴芳仪与李明共同主导着家庭事务，有分工，有合作。互敬互爱、互相体谅、宽容谦让是其家庭主导性心理情感能量。

在吴芳仪与李明的人性组合形态中，爱、群体性、承担社会责任的欲望、自我实现的欲望处于主导性地位，所以，他们热心公益，助人为乐。

从案例中可以看出，在江滨社区这个网络型心理情感能量场中，同时存在多个像吴芳仪这样的家庭心理情感能量场，这些心理情感能量场在不断地向外溢出建设性的、积极的心理情感能量。

2. 消极心理情感能量外溢的动因

家庭消极心理情感能量的类型也主要有两种：一是由消极家庭事件导致的，二是由人性或家庭本性主导性组合形态所导致的。

所谓的家庭消极型事件主要有老、病、死、失、贫、离、散、急、危、灾、祸、失、败、争、骂、咒、讼、斗、打等。对于任何一个家庭来说，这些消极型事件都会给家庭心理情感能量场带来消极型心理情感能量，当这些消极型心理情感能量强大到打破家庭心理情感能量场的平衡时，这些消极型心理情感能量就会向外部溢出。根据本课题组的调查，向外溢出的动因主要有两个：寻求帮助与寻求同情。具体调查统计结果见表6-10。

表6-10　消极心理情感能量外溢的动因

选项	小计（个）	比例（%）
A. 寻求帮助	530	82.04
B. 寻求同情	149	23.07
C. 其他	53	8.20
D. 未做选择	12	1.86
本题有效填写家庭数	646	—

从表6-10的统计数据来看，在646个被访者中，有530个承认自己家庭主动将消极的心理情感能量向外溢出的动因就是为了"寻求帮助"。

每一家庭都会发生大大小小的消极型事件，这些大大小小的消极型事件会给家庭带来不同类型的消极型心理情感能量场，例如，在本书第三章的第二部分所引的阿连的家庭、第三部分所引的阿仙的家庭、第四章第二部分所引的阿海的家庭、第三部分所引的刘女士的家庭，第五章第二部分所引的阿丽的家庭。消极型心理情感能量导致了这些家庭心理情感能量场失去了平衡，为了恢复家庭心理情感能量场的平衡，这些家庭的相关成员主动将家庭消极的心理情感能量向外溢出，以寻求帮助。实际上，这些家庭在获得了帮助的同时，也获得了同情感。在这个过程中，帮助者需要承受并化解这些消极的心理情感能量，同时向这些家庭输入积极的心理情感能量。这些人的工作与贡献是无法用金钱进行衡量的，因为他们创造的价值不仅仅是经济上的价值。但是，长期以来，他们的工作与贡献一直被严重低估了。

当占有欲、恨、嫉妒心、冷漠心、推卸责任的欲望、惰性、自体性（自我性）在人性或家庭本性的组合形态中取得绝对主导性地位时，从社会价值与伦理价值的角度来看，我们便可以将其判定为不良的人性组合形态或不良的家庭本性组合形态。不良的人性组合形态或不良的家庭本性组合形态导致家庭充满不良的、破坏性的、消极的心理情感能量，这些心理情感能量随着家庭成员在空间的移动不断地向外溢出，给他人、组织、社会带来消极的心理感受，这样的案例实在太多，不需要在此做进一步的分析与说明。

（三）被动外溢

家庭心理情感能量被动外溢是指，家庭之外的个体、组织（各级政府及部门、企业、社会组织、国际组织、军队、教会、新闻机构等）根据自身的需要，将特定家庭心理情感能量场的能量向外输送。输送的手段与渠道主要是宣传栏、报纸、电台、电视、电影、网络。

例如，佛山市妇联每年都要在全市范围内进行模范家庭的评比，要求各级妇联精心组织，大力宣传，动员各个家庭积极申报，以便将家庭的积极的、建设性的心理情感能量向全社会输送。在这个过程中，有些家庭根据通知，参照相关条件，主动申报；有些家庭则在单位与相关部门的动员下，才进行申报。表6-11是本课题组调查统计的结果。

表6-11 模范家庭申报调查统计

选项	小计（个）	比例（%）
A. 根据通知，参照相关条件，主动申报	97	15.02
B. 在单位与相关部门动员下申报	134	20.74
C. 从未申报	414	64.09

续表 6-11

选项	小计（个）	比例（%）
D. 未做选择	1	0.15
本题有效填写家庭数	646	—

这里的模范家庭有时也被称为先进家庭或最美家庭。表 6-11 的统计数据显示，在全部 646 个被访的家庭中，有 97 个是根据通知，参照相关条件，主动申报，占总数的 15.02%；有 134 个则是在单位与相关部门动员下才进行申报，占总数的 20.74%。另有调查数据显示：在 476 个普通家庭中，主动申报的有 56 个，占 11.76%；在单位与相关部门动员下才进行申报的有 76 个，占 16.6%。在 117 个模范家庭中，主动申报的有 31 个，占 26.5%；在单位与相关部门动员下才进行申报的有 54 个，占 46.15%。

在单位与相关部门动员下才进行申报，可以界定为被动申报。但是，不管是主动申报还是被动申报，这些家庭建设性、积极的心理情感能量都有可能被妇联通过宣传栏、报纸、电台、电视、电影、网络等渠道输送到家庭之外。妇联的目的就是要在整个社会大网络中发现并完善一个个建设性、积极的家庭心理情感能量场，并以这些家庭为基点，使整个社会网络充满建设性、积极的心理情感能量。例如，在本书第三章第二部分所引的李海花的家庭与刘石的家庭，第四章第三部分所引的阿标的家庭，本章即第六章第一部分所引的陈乃珍的家庭与吴芳仪家庭，都是佛山市各级妇联组织发现的充满建设性、积极的心理情感能量的典范。

二、家庭心理情感能量场能量外溢的阻断机制

当问及"当您或您家庭遇上喜事或遭遇不幸时，您或您的家人会主动将事情告诉他人（朋友、亲戚、同事或邻居）吗？（单选题）"时，在 646 个被访者中有 340 个回答"会"，占被访者的 52.63%；有 296 个回答"不会"，占 45.82%。这一调查结果表明，家庭心理情感能量场不仅存在心理情感能量外溢机制，同时也存在心理情感能量外溢的阻断机制，这两个机制在维持家庭心理情感能量场正常运行的过程中起了十分重要的作用，它们使家庭心理情感能量场保持开放，同时修筑、理清边界，保持家庭心理情感能量场的独立性与完整性。

家庭心理情感能量外溢的阻断机制存在的前提是：家庭心理情感能量场中的各种能量之间互相矛盾、互相制约与平衡，家庭心理情感能量场边界的约束。

（一）家庭心理情感能量之间互相矛盾、互相制约与平衡

人性要素的多元性与复杂性决定了心理情感能量的多元性与复杂性，人性要素之间的互相矛盾、互相制约与互相平衡决定了各种心理情感能量之间的互相矛盾、

互相制约与互相平衡。如表6-9所示，一个家庭有了喜事，希望与他人分享快乐、幸福，但是这种心理情感能量与由趋利避害所产生的恐惧相矛盾，两者之间会互相制约。当问及"您或您家庭遇上喜事时，您或您的家人不愿意主动将事情告诉他人（朋友、亲戚、同事或邻居），是因为什么？"（多选题）时，在646个被访对象中，有91个回答"怕被嫉妒"，占14.09%；有261个回答"怕招来麻烦"，占40.40%。具体调查统计结果见表6-12。

表6-12　不愿意将家庭喜事告诉他人的原因调查数据

选项	小计（个）	比例（%）
A. 怕被嫉妒	91	14.09
B. 怕招来麻烦	261	40.40
C. 不想让他人知道家里的情况	410	63.47
D. 未做选择	9	1.39
本题有效填写家庭数	646	—

"怕被嫉妒""怕招来麻烦"是恐惧心理情感能量的重要表现形式。在现实社会中，因家庭有了喜事而被嫉妒是常有的事。被某些人嫉妒可以给人带来快乐的情感，但是被另一些人嫉妒则会产生不安与痛苦，甚至会招来麻烦。不安、痛苦与麻烦是我们每一个人都想要避免的。

调查数据还显示，在普通家庭中，"怕被嫉妒"占15.13%，"怕招来麻烦"占38.87%；在模范家庭中，"怕被嫉妒"占12.82%，"怕招来麻烦"占44.44%；在问题家庭中，"怕被嫉妒"占7.55%，"怕招来麻烦"占45.28%。这一组数据表明了如下两点：

第一，无论哪一类家庭，都"怕被嫉妒""怕招来麻烦"，都天然地存在着家庭心理情感能量外溢的阻断机制。

第二，问题家庭抗嫉妒的能力较强，或者说问题家庭的喜事不太容易被人嫉妒。在一个大型的心理情感能量场中或在由多个心理情感能量场所构成的网络中，弱者、问题家庭、长期处于不幸之中的家庭是一个心理情感能量场的塌陷区，同情、怜悯、关怀等心理情感能量会自动地流向这个塌陷区，以使整个心理情感能量场在总体上处于相对平衡的状态。如果塌陷区长期存在，则会过度消耗在场个体与家庭的同情、怜悯、关怀等心理情感能量。如果弱者、问题家庭、长期处于不幸之中的家庭有了喜事，一般来说，在场的个体与家庭都会感到高兴，被过度消耗的同情、怜悯、关怀等心理情感能量也可以得到休整。

（二）家庭心理情感能量场边界的约束

任何一个心理情感能量场都有自己的边界，家庭心理情感能量场的边界尤其明显而坚固。这个边界根据需要有选择性地把家庭内部的心理情感能量约束在边界之内。如表6-12所示，在646个被访对象中，410个不愿意主动将喜事告诉他人（朋友、亲戚、同事或邻居），是因为"不想让他人知道家里的情况"，占63.47%。当问及"当您或您家庭遭遇不幸时，您或您的家人不愿意主动将事情告诉他人（朋友、亲戚、同事或邻居），是因为什么？"（多选题）时，有50%的被访者表示"不想让他人知道家里的情况"，有46.75%的被访者表示"自己家的事情自己负责"。详细情况见表6-13。

表6-13 不愿意将家庭不幸告诉他人的原因调查数据

选项	小计（个）	比例（%）
A. 怕被笑话	102	15.79
B. 怕给别人带来麻烦	307	47.52
C. 不想让他人知道家里的情况	323	50.00
D. 自己家的事情自己负责	302	46.75
E. 其他	8	1.24
F. 未做选择	1	0.15
本题有效填写家庭数	646	—

如果说"怕被嫉妒""怕招来麻烦""怕被笑话"是趋利避害与恐惧的表现，那么，"不想让他人知道家里的情况"，则是在明确宣示自己家庭的边界与主权，这种边界与主权意识伴随着责任与义务意识，即"怕给别人带来麻烦""自己家的事情自己负责"。

为了进一步论述这个问题，下面我们引入一个案例。

案例6-3 汤女士家庭心理情感能量场的边界

（案例来源：佛山市高明区妇联妇女儿童权益维护工作站）

一、案由

2012年3月26日，个头不高、皮肤稍黑、留着齐耳短发、一脸愁容的汤女士来到妇联办公室向我们诉说她的困扰。汤女士与同是四川人的罗先生已结婚20多年了，小孩也20多岁了，夫妻两人经常因小事发生争执，罗先生的脾气有时很暴躁，控制不住就会动手打她。孩子的自理能力很差，罗先生也因此一直责怪汤女士没有管教好孩子。就在今天早上因为钱的事双方又发生争执，罗先生再次动手打了汤女士。虽然夫妻两人经常打打闹闹，但汤女士对罗先生还是有感情的，多年来一直没有想过离婚，因此也没有报过警，从来没有向外人提及过，最近双方争执太多了，所以想来咨询是否有其他办法让双方少点争执。

二、个案调处情况

汤女士说以前曾经来咨询过，当时考虑到丈夫的面子，自己又担心儿子，所以不想离婚，又担心资料外泄所以坚持没提供姓名让我们登记。昨天罗先生又问汤女士拿钱，汤女士就是不愿意给，罗先生因为要不到钱挥动拳头打了汤女士，汤女士实在没其他办法了，于是再次前来咨询该怎么办。

工作人员耐心聆听汤女士的诉求，汤女士思想很混乱，也很矛盾，一方面很想解决问题，让我们支招使罗先生改变态度，另一方面又怕罗先生知道她来过妇联，不希望我们找罗先生沟通，因为她不想离婚。就在如此矛盾的心态下，汤女士根本不知道自己到底该如何，或许是压抑得太久，又或许是觉得困难重重，说着说着汤女士突然哭了，而且越哭越厉害。哭泣是一种发泄的途径，大约过了10分钟，汤女士终于慢慢地停止了哭声，这时工作人员开始慢慢地安抚汤女士的情绪并耐心开解她。让她明白出现问题要双方共同解决，罗先生也应该承担相应的责任。最后汤女士向我们提供了罗先生的联系方式，表示愿意与罗先生面对面地谈一谈。

工作人员拨通罗先生的电话，向他简单地表达了意图，罗先生表现得很爽快，说两夫妻之间确实缺乏沟通，为了儿子他也不想离婚，并表示下午就会来工作站与我们面谈。

下午2：45汤女士首先来到工作站，3：15左右罗先生也来到本站。只见罗先生留着平头，个子不高，黑黑实实的，见到汤女士，罗先生显得有些尴尬。工作人员先单独与罗先生沟通，了解罗先生的真实想法。罗先生向我们坦言，承认因为钱的问题打过汤女士，罗先生自己也知道打人是不对的，但是有的时候脾气一上来就控制不住。罗先生认为汤女士不理解他，总是计较钱。这次是因为他答应了借钱给朋友，可是汤女士却不愿意将钱交给他，让他在朋友面前失信了，所以才动手打她的。他觉得汤女士还很啰唆，把钱看得很紧，虽然他知道汤女士也是为了孩子，可是他认为汤女士太溺爱孩子，造成孩子现在20多岁了自理能力还很差。

工作人员知道两人其实还是有感情的，只是因为一些生活上的摩擦，两人缺少沟通而产生了争执。如果罗先生能告诉汤女士拿钱的原因，两人一同商量，问题应该可以得以解决。工作人员建议两人当面谈，两人都表示同意。刚开始的时候两人都显得有些局促，在工作人员的指引和鼓励下，两人都说出了自己的想法，夫妻两人表示以后多沟通、多理解，共同搞好家庭。

三、结案情况

最后罗先生表示会注意控制自己的脾气，不再动手打汤女士，遇事也会和汤女士商量。而汤女士也表示会正确教育儿子，对于家庭用钱会与罗先生沟通商量。

从整个案例来看，汤女士家庭心理情感能量场边界的意识很强，她一直在努力阻断其家庭心理情感能量场不良的心理情感能量的外溢。这可以从汤女士的诸多行为中得到体现：

第一，尽管长期以来汤女士夫妻之间经常争吵，其丈夫因控制不住脾气动手打她也是常有的事，但是，汤女士却"没有报过警，从来没有向外人提及过"。"家丑不可外扬"的心理使其长期处于紧张与压抑之中，家庭心理情感能量场出现了某种程度的失衡。

第二，案例中提到，"汤女士说以前曾经来咨询过，当时考虑到丈夫的面子，自己又担心儿子，所以不想离婚，又担心资料外泄所以坚持没提供姓名让我们登记"，"汤女士思想很混乱，也很矛盾，一方面很想解决问题，让我们支招使罗先生改变态度，另一方面又怕罗先生知道她来过妇联，不希望我们找罗先生沟通，因为她不想离婚"。可见，汤女士对其家庭不良心理情感能量外溢可能产生的后果感到十分恐慌。

妇联在解决汤女士的问题，恢复其家庭心理情感能量场的平衡方面发挥了十分独特的作用。在汤女士看来，妇联是隐秘的、有职业操守的、无利益相关的第三方，将不良的家庭心理情感能量外溢到妇联，不仅可以将不良后果降到最小，而且还有可能解决其长期以来所面临的问题，使其从困境中摆脱出来，恢复其家庭心理情感能量场的平衡。

第七章　家庭心理情感能量场生命周期的特征、陷阱及其对策

任何具体事物都有生命周期，具体的家庭心理情感能量场也不例外。一个家庭心理情感能量场的生命周期可以分为成长期、成熟期与衰落（败）期。每一个时期都有自己的特征，也有自己的问题或陷阱。这些问题或陷阱会影响家庭心理情感能量场的正常运行，对相关的心理情感能量场产生不良的影响，严重者会导致家庭心理情感能量场提前结束自己的生命。因此，针对可能出现的问题或陷阱需要采取相应的对策。

一、家庭心理情感能量场的成长期

家庭心理情感能量场的成长期可以分为四个阶段：孕育期、婴儿期、学步期与青春期。

（一）孕育期

1. 孕育期家庭心理情感能量场的特征

当一男一女互相吸引、互相喜欢并坠入爱河时，一个新的家庭心理情感能量场便开始孕育。男女双方便开始缓慢地从原来的家庭心理情感能量场中分离出来，共同构筑属于自己的新的家庭心理情感能量场。

孕育期的家庭心理情感能量场有如下几个特征：

第一，由于新的家庭心理情感能量场正在孕育之中，没有一个固定的物理性的实体空间，其边界还很模糊，也不完整。

第二，在这个边界模糊的心理情感能量场中，情爱处于绝对主导性的地位，性爱也占据重要位置，但双方对这个新的家庭心理情感能量场在责任心、义务感、归属感等方面"投入"还不足。

第三，正是因为上述的两个特征，使得孕育期的家庭心理情感能量场变得十分脆弱，很容易夭折。

2. 孕育期家庭心理情感能量场的陷阱

孕育期家庭心理情感能量场最大的陷阱（问题、挑战）就是来自其他心理情感

能量场的干扰。首先是男女双方原来所属家庭心理情感能量场的干扰，其次是男女双方原来所属朋友、同事心理情感能量场的干扰。外来干扰过大是导致孕育期家庭心理情感能量场夭折最重要的原因。一旦孕育期的家庭心理情感能量场夭折，男女双方都会陷入痛苦之中，需要花一定的时间从孕育期的家庭心理情感能量场中挣脱出来，许多男女也因此延误了建立新的家庭心理情感能量场。"错位比较"（即拿一个人的短处与另一个人的长处相比较）也会使许多男女对新的家庭心理情感能量场产生严重的失望与不满，并陷入恶性循环之中。

孕育期家庭心理情感能量场另一个大的陷阱（问题、挑战）就是孕育期过长。由于情爱作为一种能量会逐步耗尽，而责任心、义务感、归属感等心理情感能量又没有得到投入，随着孕育期的延长，这个存在许多问题的心理情感能量场就会失去支撑的心理情感能量。

孕育期过长有各种各样的原因，但一个十分重要的原因是：希望更多地、更深入地了解对方，为将来的幸福打好基础。但实际上，这里存在一个严重的误区：一方面，在恋爱期间，想要深入、全面了解对方是不可能的；另一方面，了解得越多，失望就越大，对未来的真正的家庭生活就越恐惧，结婚的愿望就会下降。

3. 孕育期家庭心理情感能量场的对策

针对上述特征与陷阱，男女双方如果想成功组建家庭，需要采取以下对策：

第一，强化责任心、义务感、归属感等心理情感能量的投入，丰富孕育期家庭心理情感能量场中的内涵。

第二，争取其他心理情感能量场的支持，排除其他心理情感能量场的干扰。

第三，共同努力，在适当的时候结束孕育期。男女双方只有真正成为夫妻并生活在一起，互相磨合、互相宽容、互相包容，才能慢慢地、逐步地了解对方。

（二）婴儿期

1. 婴儿期家庭心理情感能量场的特征

孕育期家庭心理情感能量场发展到婴儿期家庭心理情感能量场是一次质的飞跃，这个过程需要各个方面共同努力才能完成。婴儿期家庭心理情感能量场有以下特征：

第一，这个时期的家庭心理情感能量场，犹如襁褓里的婴儿，抵抗力很弱，随时都有可能夭折。这是婴儿期家庭心理情感能量场的重要特征，也是一个重大的问题与挑战。

第二，如果没有独立的空间，婴儿期家庭心理情感能量场的边界还会十分模糊，这对新家庭的成长十分不利。如果有独立的空间，婴儿期家庭心理情感能量场的边界则会变得清晰起来，责任心、义务感、归属感等心理情感能量会得到迅速的投入，家庭心理情感能量场会变得饱满。

第三，如果能有效地构筑边界，家庭心理情感能量场的功能开始得到发挥，如情爱的功能、性爱的功能、陪伴的功能、经济的功能、政治的功能、社会交往的功能。男女双方也会开始进入各自应有的角色，承担各自应有的责任与义务。

2. 婴儿期家庭心理情感能量场的陷阱

婴儿期家庭心理情感能量场主要存在以下几个陷阱：

第一，男方或女方或男女双方过度依恋原来所属的家庭心理情感能量场，从而使新的家庭心理情感能量场的运行机制（如平衡机制、心理情感能量此消彼长机制、心理情感能量外溢与阻断机制等）无法正常发挥，也无法成熟。同时，这种过度依恋会导致双方对婴儿期家庭心理情感能量场产生陌生感与疏远感，夫妻双方的矛盾会增多，而且无法得到有效的解决。

第二，权利、责任、义务的分割与分配的陷阱。在孕育期家庭心理情感能量场，基本上不存在权利、责任、义务的分割与分配问题。但是，进入婴儿期，这个问题便实实在在地摆在新婚夫妻面前了。如果没有对权利、责任、义务进行合理的分割与分配，夫妻便会经常围绕家庭事件进行争吵，有权有利便会争，对于责任与义务则会推。如果对权利、责任、义务的分割与分配过于清晰、明白，不仅会导致家庭无法高效运行，而且会导致夫妻双方在心理情感上日益疏远。如果对权利、责任、义务分割与分配不合理、不公平，则会使夫妻一方或双方心理情感失去平衡，进而导致家庭心理情感能量场失去平衡。

第三，理想与现实差距的陷阱。在孕育期家庭心理情感能量场中，男女双方只能了解对方的一部分或极小一部分，根本无法了解对方的全部。而双方之所以能走到一起并构建起一个新的心理情感能量场，正是因为将自己了解的信息加以放大、加以理想化。随着男女双方真正生活在一起，这一小部分信息所产生的晕轮效应就会消失，失望、难过就会产生。同时，现实中的家庭琐事也对男女双方理想化的家庭形成重大的冲击。

第四，被过度关注与照顾的陷阱。由于新的家庭处于婴儿期，可能会被男方或女方或男女双方的原生家庭过度关注与照顾。这种过度关注与照顾不仅影响新家庭的成长，而且会使三个心理情感能量场之间互相矛盾与冲突，严重者会导致婴儿期家庭心理情感能量场严重失衡，并最终瓦解。

第五，婴儿期过长。导致婴儿期过长有三个原因：没有独立的物理性空间，过分依赖各自原来所属的心理情感能量场，被过度关注与照顾。

3. 婴儿期家庭心理情感能量场的对策

针对上述特征与陷阱，需采取以下对策：

第一，提高抵抗力。这需要夫妻双方经常沟通。沟通不仅仅是信息交流，更重要的是心理情感能量的交换。在经过孕育期的卿卿我我之后，到了婴儿期，许多夫妻就进入了静默期，不再进行有效的交流与沟通，怨、恨、怒、失望等心理情感能量便在家庭心理情感能量场中蔓延，挤压情爱、责任心、义务感的空间，使得家庭心理情感能量场的抵抗力下降。

第二，增强独立性。独立性与依赖性都是家庭的本性，也是两种互相矛盾的家庭心理情感能量，这两种能量互相斗争、此消彼长。婴儿期的家庭心理情感能量场由于其本身还在构建之中，不够健全，依赖性的能量大于独立性的能量，这在很大程度上是正常现象。但是，如果不增强独立性的能量，就会导致依赖性取得绝对支配性的地位，影响婴儿期家庭心理情感能量场的成长，坠入婴儿期过长的陷阱。

第三，对权利、责任、义务进行合理的、适度的分割与分配。从本质上来说，我们每一个人都生活在情感世界与理性世界中，需要有情感生活与理性生活。但是，这个世界上从来就没有绝对的情感世界，也没有绝对的理性世界。情感与理性都是人的本性，两者交织在一起，无法分离。这就使得看起来是纯粹的理性世界充满了情感，看起来是纯粹的情感世界又充满了理性。我们工作的场所、商场、公共场所都是一个个理性世界，但是在这些理性世界里亦充满了情感，只是理性处于主导地位而已。家庭是一个情感世界，但是在这个情感世界里也充满了理性，只是情感处于主导地位而已。在家庭中，对权利、责任、义务进行分割与分配是一个理性的行为，即夫妻双方互相矛盾、互相斗争、互相讨价还价的行为与过程。但是，这种理性行为与理性过程是在情感的主导下进行与展开的。因此，对权力、责任、义务的分割与分配必须合理、适度。

第四，厘清边界，拒绝过度关注与照顾。任何一个家庭心理情感能量场都有自己的边界。扩张边界的欲望、捍卫边界的欲望、收缩边界的欲望同时存在于任何一个家庭的本性之中，也是所有家庭的心理情感能量。父母在子女结婚成家时，本能地想扩张自己家庭心理情感能量场的边界，模糊两个心理情感能量场的关系。而处于婴儿期的家庭，其依赖性处于相对主导性地位，对于这种扩张与模糊无法反抗，甚至还会表示欢迎。但是，这不仅会引起三个心理情感能量场之间的矛盾与冲突，而且还会严重阻碍婴儿期家庭心理情感能量场的成长。因此，新婚夫妻需要厘清自己家庭与另外两个家庭的边界，拒绝过度关注与照顾。

第五，寻找帮助，分清理想与现实。要从理想与现实互相矛盾的困惑中挣脱出来，需要寻求外界的帮助，除了双方父母、同事、朋友之外，还有专业机构，如当地的妇联、社工组织、心理咨询机构等。这些专业组织与机构，作为无利益相关的第三方，所提供的帮助相对而言更公平、公正、合理，也更专业，同时也有利于保护个人与家庭的隐私。

（三）学步期

1. 学步期家庭心理情感能量场的特征

一般来说，第一个孩子的出生会促使家庭心理情感能量场迅速进入学步期。学步期的家庭心理情感能量场具有以下特征：

第一，孩子的出生使家庭心理情感能量场发生了质的变化：两人构成的心理情感能量场变成了三人构成的心理情感能量场。夫妻关系由于孩子的出生得到强化，夫妻对孩子的关爱、怜惜紧紧地将夫妻捆绑在一起。幼小的婴儿尽管不会言语，但他（她）的哭声、笑声、微小的肢体动作等，在调节夫妻关系、化解夫妻之间矛盾的过程中却起到了至关重要的作用。原来心理情感能量的交换是双向的，现在则变成了网络式的，这就使得家庭心理情感能量场变得更加稳定与坚固。

第二，夫妻双方人性中的责任心、义务感得到了强化与升华。在孩子没有出生之前，夫妻双方互相承担责任与义务，但孩子的出生（甚至在孩子出生之前），使得夫妻双方多了一份责任与义务。在整个家庭心理情感能量场中，推卸责任与义务的欲望得到了最大程度的遏制。

第三，家庭中充满了喜悦和对未来的希望，并且有了对未来的规划，家庭生存与发展的欲望得到了加强。这种家庭生存与发展的欲望会自动或半自动地生成家庭生存与发展的动力与机制。

第四，独立性得到了加强，边界更加明晰。一般来说，在增强独立性与强化边界的过程中，妻子的作用远远大于丈夫。

2. 学步期家庭心理情感能量场的陷阱

学步期的家庭心理情感能量场的主要陷阱（问题或挑战）有：

第一，情爱的分割与分配。情爱作为一种心理情感能量是有限的，孩子的出生使得夫妻都面临情爱的分割与分配问题。如果这一问题处理不当，妻子与丈夫都会产生失落感，根据"喜欢回馈原理"[①]，妻子与丈夫会因此互相怨恨与厌烦。

第二，责任与义务的再次分割与分配。孩子的出生使得原来的责任与义务成倍增加，家庭事务也成倍增加，对责任、义务与家庭事务的再次分割与分配不可避免，如果分配不当或不分配，夫妻之间的矛盾会加剧。

第三，夫妻与婴幼儿的关系。这个时期，婴幼儿主导性的人性组合形态发生重大的变化：生存欲与依赖性的主导地位逐步让步于好奇心与独立性。当依赖性在人性中处于主导地位时，一个人会放弃自我、放弃主权；当独立性与好奇心在人性中处于主导地位，一个人会突出自我、宣示主权、要求被尊重、要求被关注。由于惯

---

① 唐雄山：《组织行为学原理——以人性为视角》，中国铁道出版社2010年版，第129页。

性与成见的支配，夫妻双方在处理自己与婴幼儿关系的过程中，支配与主导的欲望依然处于主导性地位，忽视婴幼儿的自我与主权意识，侵犯婴幼儿的权力。"不！""我不要！""我就不！"就是婴幼儿反抗支配与主导的呐喊。这种斗争会使家庭心理情感能量场充满怨恨、气愤、失落、失望（甚至绝望）。

同时，"语言诅咒期"的婴幼儿由于语言的贫乏、不明白语言的含义及急于表达，如果主权遭到剥夺（或者仅仅是因"好玩"），会说出让父母和长辈失望与伤心的话，如"我打死你""臭爸爸""臭妈妈""坏奶奶""你去死吧""我恨你""死了算了""滚"等，甚至还会爆粗口。这些都可能使家庭心理情感能量场突然失去平衡，引发父母与长辈的怨恨、气愤、失落、失望（甚至绝望），针对婴幼儿的家庭暴力行为就有可能发生。

第四，与另外两个心理情感能量场的关系。由于独立性得到了加强，边界也更加明晰，学步期的家庭心理情感能量场与另外两个心理情感能量场的关系变得微妙与复杂。

第五，学步期过长。迟迟不要孩子或生不出孩子会导致学步期家庭心理情感能量场延长。在现代社会里，子女的重要性不断地减弱。子女一个重要的功能就是当一个人年老时在经济上有所依靠，并能提供情感的寄托。但是，社会保障制度的建立使得子女失去了这个功能，甚至还出现比较严重的子女"啃老"的现象。在情感交流与陪伴功能上，子女到处迁移、远离父母，使这个功能也得不到发挥。这就导致了许多夫妻不肯生育子女，而子女是夫妻双方的情感纽带。但是，即使有了子女，如果责任心与义务感得不到强化与升华，或者独立性得不到强化，或者边界不清晰，也会导致学步期家庭心理情感能量场延长。

3. 学步期家庭心理情感能量场的对策

针对学步期家庭心理情感能量场的陷阱（问题或挑战），可以采取以下对策：

第一，夫妻双方都必须明白，情爱作为一种心情感能量是有限的。妻子必须清楚，丈夫不仅仅是自己的丈夫，他还是孩子的父亲。丈夫必须清楚，妻子不仅是自己的妻子，而且是孩子的母亲。情爱的分割与分配是十分自然的事情。同时，双方也需要关心对方失去部分或大部分情爱的感受，及时给予适度的补偿。

第二，夫妻双方都必须明白，家庭心理情感能量场是一个情感主导、理性辅助的私人生活世界，家庭事务的适度与合理分工是必要的，但不能过于明确、精细。共同承担责任与义务，共同完成家务，不仅是家庭经济功能的体现，也能增强夫妻之间的沟通与交流，使家庭心理情感能量场变得饱满、温馨。

第三，重新调整与孩子的关系。要做到这一点，作为父母必须明白，孩子好奇心与独立性增强是一件自然而然的事，孩子挑战父母的权威是孩子成长的标志。作为父母，别和孩子较劲，对处于特定发育阶段的孩子来讲，有自我意识、宣布主权都是正常的，家长刻意地纠正会让孩子感觉被忽视，对孩子健康成长不利。而那些求关注的孩子,"说不"本来就是缺乏被关注导致的。如果家长没有及时安抚孩子的情绪,还指责孩子不懂事的话,就让孩子感觉自己不被爱,失落感就会产生。跟孩子沟通时,我们要尽量用正向的语言,而且在孩子犯错时,给一些正向的解决办法,比说"不能""不要"效果更好。"不要怎么样"的描述只强化了错误内容,孩子还是不知道该怎么办。比如,家长说"吃饭的时候不要玩",反而强调了"玩",孩子容易忽略"不"字,直接玩起来。这时候,不如直接告诉他(她):"我们要好好吃饭,长得高高。"有时,家长需要适当"示弱"来满足孩子的存在感与成就感,在孩子存在感与成就感得到适度满足之后,父母与孩子的矛盾可能会得到有效化解。

针对"语言诅咒期",父母的处理方式很重要。孩子说"狠"话时,父母一定不要大惊小怪,也不能"以暴制暴",要冷漠地处理,让孩子自己感觉没趣。"接纳沟通法"被认为是十分有效的方法。该方法分为四步:

第一步:接纳孩子。充分关注孩子当时说"狠"话的真正情绪,"今天你是不是特别生气才说那句话的?""当时你一定很难过吧?"

第二步:告知他人感受。"但是你这样说,爸爸会很伤心,爸爸那么爱你,你却要打死爸爸,如果爸爸死了,你会也很伤心、难过吧?"

第三步:告知家庭规则。家庭规则是家教、家风的具体体现与落实。表7-1是本课题组关于家庭规则重要性调查的统计结果。

表7-1 家庭规则重要性调查统计

选项	小计(个)	比例(%)
A. 非常重要	445	68.89
B. 比较重要	186	28.79
C. 不重要	10	1.55
D. 适得其反	3	0.46
E. 未做选择	2	0.31
本题有效填写家庭数	646	—

从表7-1的统计结果来看,只有1.55%的被访家庭认为家庭规则不重要。家庭规则必须与社会主导性价值观相契合。一般来说,孩子在1岁左右开始由前道德阶段向道德阶段过渡,是、非、对、错、善、恶、美、丑、好、坏等观念开始慢慢形成,作为父母需要耐心地、一点一点地,通过家庭规则将社会主导性价值观传递给孩子。

第四步:教孩子学会疏导自己的情绪。"下次宝宝很生气或者难过的时候,应该怎么办呢?""使劲地拍几下枕头,会不会好一些?""或者你直接告诉爸爸。"

重复几次这个流程之后,相信孩子会慢慢地戒除这类"污言秽语",也逐渐学会控制自己的情绪了。

需要特别提醒的是，父母或长辈千万不要操之过急，多给孩子一点时间，当孩子的心智逐渐建立起来，问题也就迎刃而解了。

第四，妥善处理与另外两个心理情感能量场的关系，关注另外两个心理情感能量场的需要与发展动态。由于夫妻是分别从另外两个心理情感能量场分离出来的，其中父系心理情感能量场总体上是一种得到的感觉，母系心理情感能量场总体上是一种失去的感觉，这种感觉可能会导致妻子试图进行一些补偿，但是，这种补偿必须适时、适当、适度。否则，会同时引发三个心理情感能量场的震荡。

第五，防止学步期过长。如果采取了上述四点对策并取得了成效，可以有效防止学步期过长。

（四）青春期

1. 青春期家庭心理情感能量场的特征

如果一个家庭心理情感能量场平安渡过学步期，就会进入青春期。青春期的家庭心理情感能量场具有以下特征：

第一，家庭心理情感能量场的边界变得十分清晰，而且得到了巩固。所有家庭成员都在有意或无意地坚决捍卫这个边界，不仅仅是在物质上，更重要的是在心理情感能量上。这个边界对进入和输出的物质与心理情感能量进行过滤，以保护家庭的物质与心理情感能量的秩序。

第二，家庭心理情感能量场的功能得到了一定程度的发挥。家庭心理情感能量场的主要功能有：性爱的功能、情爱的功能、陪伴的功能、经济合作的功能、对子女进行社会化的功能、对夫妻双方进行社会化的功能。

第三，家庭的价值观开始形成，但并不稳定。一般来说，家庭价值观是夫妻双方长期互相磨合的结果。这种价值观不能与社会主导性的价值观相背离。如果家庭价值观与社会主导性价值观相背离，该家庭将无法获得正常的发展，家庭心理情感能量场会处于失衡状态。

第四，在家庭价值观的指导下，家庭规则开始形成，这些规则可以维持家庭心理情感能量场的秩序和正常运转，指导家庭成员相关的心理活动与外在行为。

第五，夫妻双方或一方进入了事业的上升期，在单位得到某种程度的重视，作为潜在的培养对象，工作很忙，经常加班。孩子上学，学业很重，作业很多。丈夫、妻子、孩子经常不在家庭心理情感能量场，而在其他的心理情感能量场。

2. 青春期家庭心理情感能量场的陷阱

青春期的家庭心理情感能量场主要有以下几个陷阱（问题或挑战）：

第一，夫妻关系。在青春期的家庭心理情感能量场，夫妻关系成了最大的陷阱。所谓夫妻关系是指夫妻之间的性爱、情爱、繁殖、相互承担责任与义务、经济合作、情感与心理互动交流的关系。这种关系具有长期性、相对稳定性、排他性等特点。夫妻关系是家庭关系中最核心、最重要的关系，人的一生绝大部分时间是与自己的丈夫或妻子度过的。到了这个时期，由于边界清晰与坚固，家庭心理情感能量场成了一个相对封闭的系统，在这个系统内，最大的矛盾便是夫妻之间的矛盾，夫妻之间的主要矛盾见表7-2。

表7-2 夫妻之间的主要矛盾

选项	小计（个）	比例（%）
A. 价值观的不同	373	57.74
B. 对经济权、话语权的争夺	233	36.07
C. 性生活不协调	97	15.02
D. 生活琐事	417	64.55
E. 对子女情感的争夺	110	17.03
F. 对责任、义务的分割与分配	227	35.14
G. 性格的差异	238	36.84
H. 生活方式与生活习惯的差异	257	39.78
I. 其他	7	1.08
J. 未做选择	1	0.15
本题有效填写家庭数	646	—

从表7-2来看，家庭生活琐事引发的矛盾居于首位，长期的日积月累，会使夫妻之间互相怨恨与厌恶。

价值观的不同所引发的矛盾居于第二位。在形成家庭价值观的过程中，夫妻之间的价值观会互相矛盾与冲突，如果不能达成共识，不只是家庭价值观无法形成，家庭规则也无法形成，家庭心理情感能量场的秩序会处于混乱之中，最终会导致家庭心理情感能量场的解体。

生活方式与生活习惯的差异引发的矛盾居于第三位。生活方式与生活习惯是长期形成的，并具有稳定性与惯性。夫妻双方来自不同的家庭，具有不同的经济、文化、地域背景，因而形成了不同的生活方式与生活习惯。如果夫妻在经过孕育期、婴儿期和学步期还不能形成基本一致或相似的生活方式与生活习惯，夫妻之间会产生陌生感，矛盾与冲突增加。"吃不到一起""睡不到一起""玩不到一起""走不到一起"会导致家庭心理情感场的空虚或不饱满。

性格的差异所引发的矛盾居于第四位。性格既具有先天性也具有后天性。先天性的性格很难改变或无法改变，后天性的性格则具有可塑性。在正式结婚并生活在一起之前，夫妻双方无法完全了解对方的性格。如果夫妻双方在经过孕育期、婴儿期和学步期之后还不能互相包容对方先天性的性格并形成基本相同的后天性的性格，夫妻双方的矛盾会加剧。

排在第五位的是对经济权与话语权的争夺所引发的矛盾。家庭经济权力主要指对家庭经济收入支配的权力。在传统的社会里，从表面来看，家庭经济收入是由男人创造的，男人对如何支配家庭经济收入拥有主导权。但是，在现代社会，从表面来看，多数家庭经济收入是由夫妻双方共同创造的，如果将家务劳动也计入创造经济财富，在不少家庭，女人创造的经济财富可能要远远高于男人创造的经济财富，这就使女人有理由、有底气参与经济收入支配的决策，施行经济收入支配权力。所谓的家庭政治话语权力就是夫妻双方在家庭事务上谁更具有发言权的问题。传统社会，丈夫主导家庭事务；但是，在现代社会里，由于女人经济地位的提高和女权思想的影响，妻子要求分割丈夫手中的话语权。例如，在购买房产、汽车、家具等方面，夫妻双方都会展开话语权的争夺，有的甚至导致婚姻破裂。

性生活的不协调是婚内矛盾的隐性的、致命的根源。性生活是夫妻活动最重要的组成部分，性生活的不协调、性开放都构成了夫妻双方信任危机的根源。

第二，亲子关系。当家庭心理情感能量场进入青春期时，家庭中的第一个子女已经进入青春期，或者两个子女都进入了青春期。两个青春期呈现出高度的重合。

如上所述，青春期家庭心理情感能量场最大的特征之一便是丈夫、妻子、孩子经常不在家庭心理情感能量场，而在其他的心理情感能量场。家庭出现空置。丈夫、妻子、孩子三者见面的机会少，即使见了面，处于同一个心理情感能量场，沟通的机会也不多。同时，青春期家庭心理情感能量场其主导性的价值观与行为规则还没有定型，场内的各种价值观互相冲突，规则互相矛盾，从而导致场内心理情感能量之间的秩序混乱。

处于青春期的子女的特点是：好奇、具有探索与反叛精神、特别乐意接受新的事物、对异性向往、急于表现自己、急于证明自己、独立自主的愿望强、没有形成主导性的价值观、各种价值观互相冲突而陷入迷惘。

同时，父母与子女之间地位平等化，父母权威下降，父母在教育、传递知识与技能方面的作用已经大大减弱。教育、传递知识与技能的绝大部分职能已经交给了幼儿园、小学、初中、高中、大学。现代知识的体系性、复杂性、庞大性使得任何一对父母都无法承担教育与传递知识与技能的全部职责。父母只能承担其中极小的一部分。子女与父母呆在一起的时间已经大大减少。

以上原因使得亲子之间沟通机会少，沟通起来也很困难，亲子关系变得疏远和紧张，家庭心理情感能量场不时弥漫了猜疑、不满、怨、恨，情爱的空间遭到严重挤压，亲子之间矛盾不断。

第三，婆媳关系。如果婆媳生活在同一个物理空间之中，婆媳关系一般来说比较紧张，矛盾重重。表7-3是本课题组调查统计的结果。

表7-3 婆媳之间的主要矛盾

选项	小计（个）	比例（%）
A. 代沟引发的矛盾	312	48.30
B. 对同一对象情感争夺引发的矛盾	178	27.55
C. 对经济权、话语权的争夺	163	25.23
D. 价值观的差异	327	50.62
E. 对责任、义务的分割与分配	167	25.85
F. 性格的差异	273	42.26
G. 生活琐事	299	46.28
H. 生活方式与生活习惯的差异	376	58.20
I. 其他	9	1.39
J. 未做选择	5	0.77
本题有效填写家庭数	646	—

从表7-3的统计结果来看，生活方式与生活习惯的差异引发的矛盾居于第一位，价值观的差异引发的矛盾居于第二位，代沟引发的矛盾居于第三位，生活琐事引发的矛盾居于第四位，性格的差异引发的矛盾居于第五位，接下来分别是对同一对象情感争夺引发的矛盾，对责任与义务的分割与分配引发的矛盾，对经济权与话语权的争夺引发的矛盾。

由于以上一系列的矛盾与冲突，婆媳虽然生活在同一个物理空间，但这个物理空间实际上存在着互相交叉与渗透的两个心理情感能量场：一个是以媳妇为主导的心理情感能量场，另一个是以婆婆为中心的心理情感能量场。其他成员则在这两个心理情感能量场中游走。

第四，家庭心理情感能量场支持系统弱化。传统的家庭心理情感能量场支持系统包括两个子系统：一个是血缘性支持系统，另一个是非血缘性支持系统。

血缘性支持系统是指以血缘为纽带的系统。在传统的社会，居住在同一个村社的人可能都有血缘关系，一个家庭事件与其他家庭密切相关，例如婚姻。父母、兄弟、叔伯、舅舅、姑姑等都会成为维持家庭稳定与和谐的建设性力量，这些利益相关者会积极主动地为家庭提供支持性力量。但是，现在这种家庭支持性力量已经弱化，甚至已经解体。有血缘关系的人不再住在一起，父母、兄弟、叔伯、舅舅、姑姑等分别生活在不同的城市，不同的省份，甚至不同的国家，即使住在同一个城市，也可能住在不同的区，平时很少来往。当一个家庭心理情感能量场出现危机时，父母、兄弟、叔伯、舅舅、姑姑等由于不了解情况、情感疏远，很难发挥建设性作用，更有甚者，有些亲戚由于各种各样的原因，会采取回避的态度，不愿意过问"他人"家庭内部事务。

家庭的非血缘性支持系统包括单位领导、同事、朋友、邻居等。但是，这个支持系统也已经弱化或解体。现在的公司、企业、学校等基本上不过问人们的家庭问题，认为这是私人的事情，由员工自行处理。现在的同事与朋友并不住在同一个小区，他们可能分别住在一个城市不同的角落。当一个人家庭出现问题时，他们能提供的支持极为有限。现在的邻居与传统社会的邻居存在极大的区别，邻居之间并不认识，即使认识，也不知道对方的姓名、职业、地位、爱好等情况。而且，还存在这种情况：今天还是邻居，明天就搬走了。像这样的邻居是不可能为家庭心理情感能量场提供有效的支持的。

表7-4与表7-5是本课题组调查统计的结果。

表7-4　您的亲戚、朋友、领导或同事是否曾主动介入家庭事务以化解家庭矛盾

选项	小计（个）	比例（%）
A. 是	293	45.36
B. 否	339	52.48
C. 未做选择	14	2.17
本题有效填写家庭数	646	—

表7-5　哪些人会主动介入家庭事务以化解家庭矛盾

选项	小计（个）	比例（%）
A. 舅舅、姑姑、姨	126	19.50
B. 叔叔、伯伯	123	19.04
C. 领导	35	5.42
D. 同事	72	11.15
E. 朋友	190	29.41
F. 兄弟、姐妹	257	39.78
G. 表兄弟、表姐妹、堂兄弟、堂姐妹	34	5.26
H. 邻居	28	4.33
I. 父母	369	57.12
J. 未做选择	24	3.72
本题有效填写家庭数	646	—

表7-4与表7-5的统计结果清楚地表明，无论是血缘性支持系统还是非血缘性的支持系统，其为家庭心理情感能量场提供支持的功能都在弱化。

第五，家庭心理情感能量场的青春期过长。家庭价值观、家庭规则长期处于变动之中，其他两个心理情感能量场不断地进行不当的介入，都会使家庭心理情感能

量场掉入青春期过长的陷阱之中。

3. 青春期家庭心理情感能量场的对策

青春期的家庭心理情感能量场可谓是多事之秋，除了上述五大陷阱（问题或挑战）之外，还有许多其他的陷阱，但是，这五个陷阱是最主要的，解决了这五个陷阱（问题或挑战），其他的问题就比较好解决，为此，我们提出以下五个针对性的对策。

第一，平等互信是维护和改善夫妻关系的前提。夫妻之间的关系，平等与互信最为重要。表7-6是本课题组调查统计的结果。

表7-6 影响夫妻关系的因素

选项	小计（个）	比例（%）
A. 平等与相互尊重	528	81.73
B. 互相信任、互相包容	572	88.54
C. 协调好性生活	299	46.28
D. 设身处地，从对方的角度思考问题	464	71.83
E. 充分沟通	438	67.80
F. 分清理想与现实的区别	245	37.93
G. 未做选择	3	0.46
本题有效填写家庭数	646	—

从表7-6的统计数据来看，互相信任、互相包容，平等与相互尊重分别居于第一位与第二位。这两者是一切人际关系的基础与前提。信任是人的本性，怀疑也是人的本性。这两者会互相进行较量。当信任取得主导性地位时，夫妻关系就会和谐。只有互相信任，才能互相包容。互相包容意味着互相原谅对方的过错与不足，大处着眼，不挑小毛病，世无完人，一个人不是有这个毛病就是有其他缺点，"完美不祥"是真理。

排在第三位的是"设身处地，从对方的角度思考问题"。这就意味着夫妻之间要互相理解对方的处境与难处，对角色冲突有深刻的认识。他不仅是你的丈夫，他还是儿子、孙子、领导、下级；她不仅是你的妻子，她还是女儿、孙女、姑姑等。他（她）不仅仅属于你，他（她）还属于许多人。

排在第四位的是"充分沟通"。夫妻之间的许多误会与矛盾都是沟通不当或沟通不充分所引起的。沟通的过程中要坚持四个原则：互相平等与互相尊重的原则、互相信任的原则、诚实与诚恳的原则、互相包容的原则。夫妻都需要学习沟通技巧。在沟通的过程中要管理好自己的情绪，不要动不动就大肆发泄。大肆发泄不能解决问题，很多时候可能还会带来更严重的后果。

排在第五位的是"协调好性生活"。性生活是夫妻关系的根基。现代社会许多夫妻之所以发生矛盾而无法化解,就是因性生活不协调,使得夫妻关系的运行失去了润滑剂。因此,夫妻之间要协调性生活,共同改善性技巧,提高性生活的质量。

排在第六位的是"分清理想与现实的区别"。在漫长的婚姻生活过程中,夫妻双方对角色的期待往往不契合。丈夫、妻子是开放性角色。角色期待、角色规范、角色扮演有很大的主观性。妻子理想中的丈夫与现实生活中的丈夫存在差异,丈夫理想中的妻子与现实中的妻子也有差异。要理解这种差异。将丈夫或妻子角色理想化很容易让人钻牛角尖,很容易将对方逼到死角,将自己心爱的人从自己身边推出去。我们每一个人都是导演,当你认为事件正在朝着你预想的方向发展时,你预想的事件就会发生,因为你一手导演了事件的发生。

第二,了解并理解对方的期待,维护和改善亲子关系。要维护和改善亲子之间的关系,必须了解并理解对方的期待。表7-7是父母对子女的期待的调查统计结果,表7-8是子女对父母的期待的调查统计结果。

表7-7 父母对子女的期待

选项	小计(个)	比例(%)
A. 理解自己的苦心与付出	505	78.17
B. 听取自己合理的建议	519	80.34
C. 有事情要告诉自己,跟自己一起商量对策	509	78.79
D. 多来看望自己	238	36.84
E. 满足自己的全部需要	113	17.49
F. 顺从自己	78	12.07
G. 对自己的态度好一点	212	32.82
H. 其他	4	0.62
I. 未做选择	3	0.46
本题有效填写家庭数	646	—

表7-8 子女对父母的期待

选项	小计(个)	比例(%)
A. 理解自己成长不同阶段的需要与特征	467	72.29
B. 平等地对待自己,不要总是高高在上	407	63.00
C. 对待自己与兄弟姐妹要平等	342	52.94
D. 对自己的缺点与失误要宽容	371	57.43

续表 7-8

选项	小计（个）	比例（%）
E. 在自己需要的时候及时给予指导与帮助	362	56.04
F. 不要干涉自己正常的学习、工作与生活	252	39.01
G. 尊重自己的隐私	342	52.94
H. 听取自己合理的建议	358	55.42
I. 其他	0	0
J. 未做选择	1	0.15
本题有效填写家庭数	646	—

从表 7-7 的统计结果来看，有少数父母希望子女"满足自己的全部需要""顺从自己"，将"百善孝为先"理解为"百善顺为先"，将"孝"理解为"顺"，这是导致亲子关系紧张的重要原因。这些父母在"孝顺"的名义下，剥夺子女的平等权，干扰子女正常的学习与生活，不尊重子女的隐私。总体而言，父母在维护和改善亲子关系的过程中要承担主要的责任。表 7-8 是子女对父母的期待，这些期待总体而言是合理的，只要满足子女这些期待，一般来说，亲子关系就会得到很好的维护。

第三，了解对方的诉求，构建和谐的婆媳关系。表 7-9 是婆婆对儿媳的诉求的调查统计结果，表 7-10 是儿媳对婆婆的诉求的调查统计结果。

表 7-9 婆婆对儿媳的诉求

选项	小计（个）	比例（%）
A. 对儿子好一点，体谅儿子工作的辛苦	318	49.23
B. 尊重长辈	471	72.91
C. 对自己的态度好一点	294	45.51
D. 听取自己合理的建议	413	63.93
E. 分担一部分家务	317	49.07
F. 多关心孩子，少看点手机	296	45.82
G. 对孩子多一点爱心和耐心	309	47.83
H. 其他	16	2.48
I. 未做选择	13	2.01
本题有效填写家庭数	646	—

表7-10 儿媳对婆婆的诉求

选项	小计（个）	比例（%）
A. 听取自己合理的建议	500	77.40
B. 不要过于溺爱孙子或孙女	445	68.89
C. 对自己的态度好一点	275	42.57
D. 不要与孙子或孙女争夺爱	190	29.41
E. 在我们最困难的时候能帮点忙（时间和金钱）	278	43.03
F. 不要干涉自己正常的学习、工作与生活	287	44.43
G. 尊重自己的隐私	352	54.49
H. 不要过分纵容儿子，苛求儿媳	285	44.12
I. 其他	5	0.77
J. 未做选择	4	0.62
本题有效填写家庭数	646	—

从对表7-9与表7-10的内容分析来看，婆媳双方的诉求总体是合理的。了解对方的诉求是进入对方心灵世界的唯一途径，只有进入对方的心灵世界才有可能设身处地地理解对方，只有设身处地地理解对方，才能构建和谐的婆媳关系。

但是，由于各种原因，导致双方无法沟通或沟通不畅，无法了解对方对自己的诉求，使婆媳关系陷入紧张与矛盾之中。表7-9与表7-10的内容及统计结果对试图改善婆媳关系的婆婆与儿媳都具有参考价值。

第四，寻求无利益相关的第三方介入与支持。由于家庭心理情感能量场的血缘性支持系统与非血缘性支持系统的功能在不断弱化，当家庭心理情感能量场出现失衡而无法自行恢复时，寻求无利益相关的第三方介入与支持不失是一种明智与有效的选择，第三方主要包括妇联、社工机构、心理咨询机构。

第五，尽早形成稳定的家庭价值观，在此基础上形成成文或不成文的行为规则，只有如此，才能构建家庭心理情感能量之间的"合法性"与"合理性"秩序。特别值得注意的是，家庭价值观必须与社会主导性价值观相符。

二、家庭心理情感能量场的成熟期

家庭心理情感能量场在成功度过青春期之后，便进入了成熟期（或称盛年期），这是家庭心理情感能量场生命周期曲线中最精彩的巅峰时期。成熟期的家庭心理情感能量场有自己的特征，也有自己的陷阱（问题或挑战），针对这些陷阱，亦需采取相应的对策。

(一) 成熟期的特征

成熟期的家庭心理情感能量场主要有以下几个特征：

第一，家庭心理情感能量场的边界已经十分稳定而且十分坚固，能对输入或输出的各种心理情感能量进行有效的过滤或阻断。

第二，家庭心理情感能量场的社会化的功能、情爱的功能、性爱的功能等都得到了充分的发挥。由于家庭物质财富与精神财富的增多，使得家庭心理情感能量场变得十分饱满。

第三，形成了稳定的家庭价值观与家庭规则，清楚自己该做什么不该做什么。也正是因为如此，家庭心理情感能量之间的秩序已经建立，主导性家庭心理情感能量的组合形态已经确立，同时，这种主导性家庭心理情感能量组合形态又能与其他的心理情感能量维持精妙的、相对的平衡，从而使得家庭具有高度的灵活性，使家庭生活变得十分丰富多彩。

第四，家庭心理情感能量场的自我调节能力达到最佳状态，家庭心理情感能量场的各种运行机制也达到了最佳状态。

第五，在成熟期的中期或后期，分裂的力量出现，新的家庭心情感能量场正孕育或已经形成，心理情感能量场分裂与整合的机制开始启动。

(二) 成熟期的陷阱

成熟期的家庭心理情感能量场存在以下几个陷阱（问题或挑战）：

第一，工作对家庭心理情感能量场形成巨大的冲击。起居与饮食是家庭两大基本存在形式，也是营造和谐美满家庭的重要环节。一个家庭夫妻恩爱、父慈子孝必会通过一种良好的家庭氛围表现出来，这种家庭氛围贯穿家庭起居与饮食的每一个细节。特别是现代家庭，由于夫妻双方工作、子女上学，除节假日，家庭成员平常只有起居与饮食在一起，由此看出，起居与饮食不仅承担生理满足功能，还兼具了情感沟通功能。倘若一个家庭的起居与饮食受到冲击，其基本时间不能保证，必会影响到这个家庭良好氛围的营造、家庭成员的有效沟通。但是现在，"工作至上"文化冲击着夫妻起居饮食功能。

家庭心理情感能量场进入成熟期（盛年期）后，家庭的主要成员已经成为工作单位的中坚力量，这些主要成员在家庭待的时间越来越少。根据毛萍教授对"工作型"家庭的调查研究发现，每天能在一起用餐一次的家庭只有39%，一周能在一起用餐三到四次的家庭为37%，一周能在一起用餐两次的家庭为10%，一周只能在一起用餐一次的家庭为8%，一周能在一起用餐一次都不能保证的家庭为6%。假如以每天用餐三次计算，一周用餐21次，那么由此可见绝大多数"工作型"家庭能在一起用餐的次数在三分之一以下。这里所谓的"工作型"家庭主要是指一般雇员和非高层管理人员，倘若是中高层管理人员，可想而知其家庭能在一起用餐的次数只会更少。

家庭成员聚集一起娱乐基本成为奢望。除起居饮食外,娱乐游戏亦是活跃家庭氛围、增强家庭成员情感沟通的有效元素。但在相关的调查中发现大多数"工作型"家庭基本缺少这种元素。调查对象中有31%的家庭半年才有一次家庭成员聚在一起的娱乐活动(郊游、看电影、购物或运动),有7%的家庭一年才有一次,一年以上才有一次的家庭占3%。①

第二,家庭主要成员的私人行为与公共行为的纠缠。家庭主要成员可能在工作单位担任要职,负有公共职责,握有公共权力与公共资源。但人是有情感的,而且家人、朋友是其私人世界与私人生活的最重要的组成部分。家人与朋友对其有着合理的或不合理的期待,因为,家人与朋友在其成长的过程中起了重要的作用。这就会导致私人行为与公共行为的互相纠缠。如果不能妥善处理,这种纠缠会导致家庭主要成员失职,从而使家庭心理情感能量场处于动荡之中,原本稳定的家庭价值观与家庭行为规则会被打破。

第三,家庭主要成员角色冲突与纠缠。家庭心理情感能量场发展到成熟期(盛年期),家庭主要成员所承担的角色数量达到峰值。每个角色都有自己的规范,对承担者都有相应的期待,需要承担者投入相应的时间、精力与心理情感能量,这就导致了角色之间的冲突与纠缠,如果处理不当,也会造成家庭心理情感能量场的震荡,使家庭心理情感能量场失去平衡。

第四,对子女的家庭心理情感能量场的不当关注与介入。成熟期(盛年期)家庭心理情感能量场具有扩张自己边界与势力范围的强烈欲望,会对其他心理情感能量场,特别是对子女的家庭心理情感能量场进行不当的关注与介入。这种不当的关注与介入,会导致其他心理情感能量场失去平衡,使其他的心理情感能量场充满了痛苦与不安。下面便是一个对子女的家庭心理情感能量场的不当关注与介入的案例。

案例7-1 被不当关注与介入的阿莲家庭心理情感能量场

(案例来源:本课题组成员工作坊笔录)

阿莲的眼神里总带忧伤,她一直说自己不善表达。但今天她表达了自己人生中的两件大事,让我听懂了她的苦衷。

一是恋爱和婚姻。一次偶然的机会,她经人介绍,认识了年长她8岁的军人丈夫。尔后该军人展开3年的恋爱进攻,他俩结婚了。阿莲夫家在当地相当有家底和名望。公婆本来希望儿子能够娶一个门当户对的儿媳。但阿莲来自农村,家境普

---

① 参见毛萍《论"以工作为中心"文化对现代家庭的冲击——以广东佛山为例》,载《女性·和谐·发展——2009年佛山市妇女发展研究中心课题集》。

通，公婆对她有偏见。结婚第二天，公婆就召集阿莲两口子开家庭会议建议分家，公婆住老屋，阿莲两口子住新屋。面对强势的家婆，阿莲恍惚被人当头一棒，哭了2天，还是答应了。

二是子女的抚育。婚后一年，女儿出世。女儿一满月，家婆就以疼爱孙女和儿媳身体需要调养为由，抱走了孙女，直到小学二年级，因为上学的缘故，女儿才回到阿莲身边。婚后5年，在家婆"人丁不旺"的二次家庭会议召开下，阿莲放弃了有事业编制的工作机会，甘愿接受日后"打临工"的命运，不久，儿子出世了。同女儿一样，家婆照样抱走了孙子。祖辈疼孙，乃至溺爱，直到家婆说"你的儿子，我管不了啦"，读五年级的儿子才回到母亲身边。阿莲说，这样的母亲的境遇，当年被很多同学羡慕过——不用带娃，多么轻松！可是失去了与孩子建立亲密关系的最佳时期，这是永远的失职！孩子至今都有成长的缺陷！阿莲举了一个例子：有一次，阿莲的妈妈将自种的大西瓜送到家婆家，看望5岁的外孙。外孙抱着西瓜，让它从二楼楼梯往一楼滚落，直到西瓜"皮开肉绽"，而奶奶自始至终都不加干预……

在上述这个案例中，存在两个家庭心理情感能量场：一个是以阿莲夫妻为中心的家庭心理情感能量场，另一个是以阿莲公婆为中心的家庭心理情感能量场。相关事件发生时，以阿莲公婆为中心的家庭心理情感能量场正处成熟期（盛年期）。从家庭心理情感能量场的发展来看，分家具有不可避免性，但是，在案例中，分家的时机并不成熟，何况是结婚第二天就分家。因为，此时阿莲的家庭心理情感能量场正处于由孕育期向婴儿期过渡阶段，依赖性处于主导性地位，边界十分模糊。突然分家，给阿莲家庭心理情感能量场带来痛苦、不安、焦虑与不知所措。阿莲公婆两次抱走阿莲的孩子更是使阿莲家庭心理情感能量场长期处于思念、自责、痛苦与不安之中。

（三）成熟期的对策

第一，针对工作对家庭心理情感能量场形成巨大的冲击，家庭成员一是要想方设法挤出时间来，尽可能多地与家庭其他成员待在一起，多交流沟通；二是要充分利用现代的网络通信工具，建立家庭的微信群、QQ群，如此，便扩张了家庭心理情感能量场的空间边界，将身处不同空间的家庭成员紧紧地、时时刻刻地联结在一起。

第二，坚守公共职位的法律、制度及伦理道德规范，时刻分清公共行为与私人行为，做好家人、朋友、亲戚的工作，防止公共行为与私人行为纠缠。

第三，在私人众多的先天（或先赋）角色方面，分清哪些是最核心、最主要的角色，哪些是次要的角色，哪些是不重要的角色，在这些角色之间合理分配自己的时间、精力与心理情感能量，拒绝那些次要的、不重要的角色对自己的过度期待。

在众多公共角色方面，拒绝名与利的诱惑，只承担那些自己能够扮演好的角色。

第四，根据子女家庭心理情感能量场生命周期不同发展阶段的特征，给予合理关注与介入。

三、家庭心理情感能量场的老年期

任何一个心理情感能量场都会进入老年期，逐步衰落并最终死亡。家庭心理情感能量场也不例外。老年期的家庭心理情感能量场有自己的特征，也有自己的陷阱，针对这些陷阱亦需采取相应的对策。

（一）老年期的特征

老年期的家庭心理情感能量场有以下几个特征：

第一，独立性（独立的欲望）开始逐步让位于依赖性（依赖的欲望）。随着家庭核心成员身体的退化与智力的下降，其人性组合形态也发生了相应的变化，自信心与独立性下降，对子女的依赖性不断上升，直到这种依赖性取得绝对主导性地位。

第二，边界开始由清晰逐渐变得模糊。由于家庭核心成员开始放弃自我，使得家庭心理情感能量场失去了独立性；同时，捍卫边界的能力与意愿也在不断地丧失。如果夫妻一方离世，边界消失的速度会加速。

第三，家庭心理情感能量场的功能开始退化。在社会化功能方面，由于知识与经验的过时与老化，其指导与启示作用越来越小。性爱的功能也在消失。经济功能也在逐步消失。如果夫妻一方离世，情爱与陪伴功能也就消失了。

第四，家庭心理情感能量场的运行机制开始慢慢失灵。

（二）老年期的陷阱

老年期家庭心理情感能量场有以下几个陷阱：

第一，过早并入子女的家庭心理情感能量场。老年期家庭心理情感能量场的衰退是一个很长的过程。如果过早地并入子女的家庭心理情感能量场，在两个心理情感能量场整合的过程中会产生剧烈的撞击，造成父母与子女之间矛盾重重，孝、悌、慈、爱等心理情感能量会不断地被损耗而得不到补充的时间与机会。如此，在同一个物理性空间里会长期存在两个心理情感能量场，这两个心理情感能量场会不断地互相矛盾与斗争。

第二，不能很好地融入子女的家庭心理情感能量场，陷入"晚年融入综合征"。下面就是一个"晚年融入综合征"的典型案例。

案例 7-2 姚婆婆的"晚年融入综合征"

（案例来源：佛山市三水区南山镇妇联妇女儿童权益维护工作站）

一、案由

当事人姚婆婆，女，80岁，文盲，每个月靠退休工资为生，现居住在南山镇东和村。2011年5月9日，事主姚婆婆一大早来到南山镇妇联维权工作站反映，事主家中有三个儿子，长子在电信部门工作，二儿子在家务农。现事主和二儿子媳妇居住同一间屋，近日来事主经常遭到儿媳妇辱骂，不肯让其在家中居住，而且儿媳妇剪断水管和电视天线，困扰着姚婆婆的正常生活，于是姚婆婆来到了南山镇妇联维权工作站，希望镇妇联介入调解。

二、个案调处情况

1. 处理意见和方法

确定调解的方法：南山镇妇联维权工作站采取直接介入的模式。接手个案后，工作人员第一时间致电东和社区妇女主任，将案情详细告之并通过东和社区了解姚婆婆的家庭状况。鉴于案主描述经常遭到儿媳妇辱骂并不肯让其在家居住，建议：①镇妇联维权工作站与社区干部调解员共同入村，逐家逐户摸排情况；②第一时间上报社区书记，社区书记建议知会南山镇派出所辖区民警、司法所等部门联合介入调处，加大部门联合调处的力度。

2. 调解的详细过程

（1）姚婆婆家庭背景调查。通过社区调解人员详细深入的了解，证实姚婆婆长期以来确实和儿媳妇积累了不少矛盾，而且随着相处时间的增加，矛盾加剧激化，以致儿媳妇做出了剪断水管和电视天线，并将其赶出家门等恶劣行为。中国传统百行孝为先，姚婆婆晚景凄凉不禁令人黯然泪下，镇司法所得知情况后也非常重视，决定与镇妇联维权工作站工作人员、社区干部、民警一起上门开展调解工作。

（2）社区干部、民警齐上门，婆媳当场达成谅解。5月9日，为使姚婆婆能尽快解决住宿等基本生活问题，镇妇联维权工作站工作人员、社区干部和民警决定立即上门调解，姚婆婆和儿媳妇也同意接受调解。5月9日上午10时，社区干部和民警来到姚婆婆家中，首先向儿媳妇了解情况。儿媳妇表示，家婆有三个儿子，但是一直以来都只偏向另一个儿子。起初住在一起对自己照顾有加，但是随着相处的日子越长久，问题就越来越多，家婆不但啰唆而且会经常骂人，渐渐自己心理失去了平衡，两个人就变得水火不容了。

工作人员认真地聆听了儿媳妇的叙述，同意婆媳关系处理不好难免会出现问题，同时指出姚婆婆毕竟年事已高，艰辛大半生，到老了人人都希望能颐养天年，打骂老人更是不孝的表现。经过一番劝说，儿媳妇承认自己确实做的有点过分了，同意让姚婆婆暂时住下。

调解进行到将近12时,社区干部建议:老人年纪已大不能经常受刺激,理应家和万事兴。双方相互达成谅解:儿媳妇同意让姚婆婆回家居住,不再赶其出门。

(3) 社区干部再上门,喜见一家团圆。5月13日,社区妇女主任再次登门回访,儿媳妇在家中忙碌着,她一见到社区妇女主任,就高兴地表示感谢之情,她说现在也想通了,不想计较太多了,放松心态面对生活,想一想自己也会有老的一天。而且始终都是一家人,也不想老公太为难,毕竟那是他母亲。

从这个案例可以总结出"晚年融入综合征"的三个特征:

第一个特征就是"近臭远香"。所谓的"近臭远香"是指,在父母有多个子女的情况下,与父母生活在同一个物理空间,或者就近出力出心照顾父母的子女在父母心里地位不高,评价较差;而远离父母,偶尔打个电话问候、寄个礼品或偶尔探望的子女,在父母心里的地位反而高,父母给予的评价也高,同时,也时常挂念。

造成"近臭远香"的原因十分复杂,其中最主要有四个原因,第一个原因就是"审美疲劳"原理在起作用。从该案例来看,起初,婆媳关系良好,媳妇自己都承认婆婆对自己照顾有加。但是,随着时间的推移,双方的关系慢慢变差。开始,双方都关注着对方的优点,随着时间的拉长,双方对对方的优点习以为常,对方的缺点一点一点地暴露在自己的面前,对方的优点开始被淡化,而缺点与不足则被突出。第二个原因是"喜欢回馈"的法则在起作用。"喜欢回馈"是指人们一般来说都会喜欢那些同样喜欢自己的人。"喜欢回馈"遵循"得失原则",例如,对我的喜欢不断地增加的人——得,不断地得,我最喜欢;对我的喜欢不断地减少的人——失,不断地失,我最不喜欢;始终喜欢和肯定我的人——不得,不失,我可能喜欢,可能不喜欢;开始不喜欢我、否定我,后来喜欢我、肯定我的人——得,我喜欢;始终不喜欢我、否定我的人——不得,不失,我可能讨厌,可能不讨厌;开始喜欢我、肯定我,后来不喜欢我、否定我的人——失,我最不喜欢。从该案例来看,婆媳双方开始只看到对方的优点,双方互相喜欢与肯定,但随着时间的推移,由于"审美疲劳",再加以对方的缺点暴露无遗,双方开始互相讨厌与否定,于是,婆婆成了儿媳最不喜欢的人,儿媳则成了婆婆最不喜欢的人。第三个原因是日常琐事。婆媳常年生活在一起,难免因为家庭小事闹些矛盾,产生冲突,随着时间的推移,双方之间的矛盾、怨气越积越多,只要有点摩擦,双方之间就会撕破脸皮,来一次大的爆发。第四个原因是双方沟通不畅。

第二个特征就是"偏心"。所谓的"偏心"是指,在父母有多个子女的情况下,父母在各个方面都偏向其中的一个。一般的情况是,父母偏爱年龄最小的,或偏爱能力最弱的。这种"偏心"使其他子女心存不满,儿媳对此更是心存怨恨。在该案例中,婆婆有三个儿子,住在二儿子家,二儿子、二儿媳在照顾婆婆方面所付的精力、心力远比其他两家要多,理应得到婆婆更多的理解、体谅和相应的物质回报。但是,婆婆却偏爱另外一家。偏爱一次两次还可以忍受,但长此以往,二儿媳自然充满怨气。

第三个特征就是"错误定位"。不少婆婆或公公（或外公、外婆）很容易将自己定位为家庭的主导者或领导者。在自己家里，婆婆将自己定位成领导者、主导者没有问题。但是，儿子成了家，有了自己的经济来源，婆婆将自己定位为儿子、儿媳、孙子的领导者就是一种错误，会引起儿子，特别是儿媳的强烈不满。婆婆一旦将自己定位成领导者，就会不尊重家庭其他成员，指手画脚、骂骂咧咧，并动不动就指责儿媳不孝，错误地将孝理解为顺。于是，儿媳的怨便发展为恨。

（三）老年期的对策

针对老年期家庭心理情感能量场的特征与陷阱，我们的建议如下：

第一，公共部门与社工机构有针对性地提供相关心理咨询与心理辅导，让老年夫妻深刻地认识、理解老年期家庭心理情感能量场的特征与陷阱，防止老年期家庭心理情感能量场过早地并入子女的家庭心理情感能量场，预防或缓解"晚年融入综合征"。

第二，公共部门与社工机构有针对性地提供相关课题，传授家庭关系的知识与沟通的技巧。家庭内部关系在很大程度是情感关系，而不是理性关系。家庭内部问题大多数是爱、怜、体贴、理解、关怀、关心等的情感问题，而不是是非、对错、善恶、美丑的问题。家庭内部的问题只有极少数可以用是非对错来进行判断，如在上述案例中，儿媳将80岁的婆婆赶出家门显然不对。但是，判断某种行为是非对错解决不了婆媳之间长期积累下来的矛盾、怨气，甚至仇恨。

第三，重构家庭文化。在现代社会里，要解决家庭内部矛盾，特别是婆媳之间的矛盾，需要重建家庭文化。家庭文化包括家庭宗旨、家庭价值观、家庭精神、家庭行为规则等。

家庭的宗旨应该是使家庭每一个成员获得平等发展的机会，让家庭每个成员幸福、快乐、健康、有归属感。家庭的价值观应与社会主流的价值观相符，平等、自由、民主、公平、公正、公开应是家庭价值观的核心。家庭精神应该是爱、责任、包容、宽容。家庭成员的行为应受到家庭宗旨、价值观、精神的约束。特别是在处理长辈与晚辈之间关系的过程中，不能将"孝"与"顺"相连结。"孝"是有限度的，绝对不能将"孝"理解为"顺"。"顺"的观念与行为会导致老人人性与行为失衡，进而导致家庭功能失常。婆婆千万不要用亲情去挑战爱情，用"孝"去挑战平等、自由、民主、公平、公正、公开。儿媳千万不要用爱情去挑战亲情，用平等、自由、民主、公平、公正、公开去挑战"孝"。否则，婆媳就会矛盾不断，就会造成婆婆与儿媳两败俱伤，使家庭失和，使家庭其他成员陷入痛苦之中，使家庭弥漫怨、恨、失望（甚至绝望）、不安、痛苦、焦虑、怒、愁、忧、悲等心理情感能量。

参 考 文 献

一、著作

[1] 唐雄山. 人性平衡论［M］. 广州：中山大学出版社，2007.

[2] 唐雄山，王伟勤. 人性组合形态论［M］. 广州：中山大学出版社，2011.

[3] 唐雄山. 组织行为学原理——以人性为视角［M］. 北京：中国铁道出版社，2010.

[4] 唐雄山，仇宇，王伟勤，等. 社会工作理论与方法本土化——妇联参与社会治理及典型案例点评［M］. 广州：中山大学出版社，2015.

[5] ［英］休谟. 人性论［M］. 关文运，译. 北京：商务印书馆，1991.

[6] 张怀承. 中国的家庭与伦理［M］. 北京：中国人民大学出版社，1993.

[7] 赵宁. 与孩子这样沟通最有效［M］. 北京：新世界出版社，2010.

[8] 林昆辉. 家庭心理学［M］. 北京：电子工业出版社，2014.

[9] ［美］S. 沃尔鲁斯. 家庭沟通［M］. 郑慧玲，译. 北京：世界图书出版公司，1989.

[10] 赵忠心. 家庭教育学［M］. 北京：人民教育出版社，2000.

[11] 刘育文. 家庭关系和谐法［M］. 上海：上海锦绣文章出版社，2010.

[12] 冯觉新，邵伏先，周运清. 家庭社会学［M］. 北京：中国环境科学出版社，1993.

[13] 阮建芳. 亲情与家庭［M］. 北京：同心出版社，2013.

[14] ［法］弗朗索瓦·德·桑格利. 当代家庭社会学［M］. 房萱，译. 天津：天津人民出版社，2012.

[15] 曾文星. 家庭关系［M］. 香港：香港中文大学出版社，2009.

[16] 王继华. 家庭文化学［M］. 北京：人民出版社，2010.

[17] 唐雄山. 湛若水的治国之道［M］. 广州：广州出版社，2018.

[18] ［美］伊查克·爱迪思. 企业生命周期［M］. 赵睿，译. 北京：华夏出版社，2004.

[19] 张勇. 现代企业生命力——现代企业生命周期论［M］. 北京：机械工业出版社，2006.

二、论文

[1] 雷水贤. 双重角色对妇联履行职能的影响 [J]. 妇女研究论丛, 2002 (6).

[2] 刘晓善. 家庭暴力基本问题透视 [J]. 辽宁科技学院学报, 2009, 11 (1).

[3] 陈竞芳. 家庭教育中父母角色定位探究 [J]. 牡丹江教育学院学报, 2008 (2).

[4] 刘明. "严父慈母"辨析——兼论家庭教育中父亲与母亲的不同作用 [J]. 山东教育科研, 1990 (3).

[5] 黄祥祥. 论隔代教育与儿童心理的发展 [J]. 经济与社会发展, 2006 (4).

[6] 江川. 对隔代抚养的思考 [J]. 老年人, 2005 (4).

[7] 刘楚魁. 家庭文化对家庭成员的社会化功能 [J]. 娄底师专学报, 2002 (4).

[8] 王琪, 杨帆. 萨提尔家庭治疗模式评析 [J]. 医学与哲学（人文社会医学版）, 2008 (8).

[9] 郭章敬. 萨提亚家庭治疗模式及其应用：一个中国内地的个案研究 [D]. 武汉：中南民族大学, 2012.

[10] 臧玉元, 谢凤凰. 家庭沟通与心理健康的关系研究 [J]. 高职论丛, 2008 (1).

三、调查报告

[1] 广东省妇女联合会, 广东省妇女研究中心, 广东妇女学研究会. 广东省妇联系统优秀调研成果汇编 [R]. 广州：广东科技出版社, 2004.

[2] 广东省妇女联合会, 广东省妇女研究中心, 广东妇女学研究会. 广东省妇女社会地位调查 [R]. 北京：中国妇女出版社, 2004.

后　记

　　本课题得到了佛山市妇联的大力支持。课题的提出源于2015年由中山大学出版社出版的《社会工作理论与方法本土化——妇联参与社会治理及典型案例点评》一书，该书也是佛山市妇联的项目。

　　在进行调查的过程中，佛山市各级妇联的领导与工作人员都给予了充分的支持与配合，在此，我要向她们表示感谢。市妇联中层以上领导认真阅读了初稿，并提了十分宝贵的意见，她们的意见已经成了本书的有机组成部分。在设计调查问卷的过程中，佛山市妇联副调研员傅俊峰、少儿部部长何莒安提供了十分有价值的建议。

　　在很大程度上，本书与我的专著《人性平衡论》《人性组合形态论》《组织行为学原理——以人性为视角》一脉相承，这三本书奠定了本书的理论基础，本书的第一章与第二章的内容直接来自上述三本专著。

　　长期以来，我一直在进行学术研究的布局：从人性到组织本性，从人性理论到人性思想史。但是，这是一个十分艰难的过程。这本专著的出版深化并拓展了以往的理论，尤其是对性与情的关系做了系统而深刻的分析与阐述。根据我所了解的情况，心理情感能量场的研究，尤其是家庭心理情感能量场的研究，几乎处于空白状态。

　　本书由唐雄山进行整体构思与写作，余慧珍、郑妙珠、王伟勤提出了十分宝贵的建议。余慧珍、郑妙珠、王伟勤参与了调查问卷的设计与修改。余慧珍、郑妙珠在各自的工作坊进行问卷调查并提供相关的案例，撰写完成后，她们认真阅读了全书的内容并提出了修改的建议。

　　本书可以作为管理学、社会学、心理学、社会工作等相关专业本科生与研究生的参考用书，同时，对各级各类的管理者、社会工作者也有极大的参考价值。本书提出的基本理论可以用于历史学、政治学、管理学、社会学的研究，也可以用于中国传统经典的诠释与重构。

唐雄山

2019年1月29日于广东佛山无心斋